PURE  NARD

속사람의 변화 ①

The Transformation
of the Innerman
by John & Paula Sandford

Copyright ⓒ 1982 by John and Paula Sandford
Published by Victory House, Inc.,
Tulsa, OK 74136

Korean translation Copyright ⓒ 2005 by Pure Nard
2F 16, Eonju-ro 69-gil, Gangnam-gu, Seoul, Korea

The Korean edition is published by arrangement with Victory House, Inc.
All rights reserved.

본 저작물의 한국어판 저작권은 Victory House, Inc와의 독점 계약으로 한국어 판권은 '순전한 나드'
가 소유합니다. 저작권자의 허락 없이 이 책의 일부 또는 전체를 무단 복제, 전재, 발췌하면 저작권법
에 의해 처벌 받습니다.

속사람의 변화 ❶

지은이   존 & 폴라 샌드포드
옮긴이   황승수, 정지연

초판발행   2005년 10월 10일
12쇄발행   2021년 1월 18일

펴낸이   허 철
펴낸곳   도서출판 순전한나드
등록번호   제2010-000128
주 소   서울시 강남구 언주로69길 16 (역삼동) 2층
도서문의   02)574-67029
          Fax 02)574-9704
홈페이지   www.purenard.co.kr
인쇄소   예원프린팅

ISBN   89-91455-24-7 03230

속사람의 변화 ❶

The Transformation
of the Innerman

존 & 폴라 샌드포드

이 책을 위해
끊임없이 기도하셨고
16장이 완성된
1980년 10월 18일에 돌아가신
아버지 조지 샌드포드께

감사의 글 _a Letter of Thanks_

신실하게 기도로, 때로는 경제적으로 후원해 준 모든 이들에게 감사를 드린다. 그들의 도움으로 우리가 글을 쓸 수 있었다. 특히 친구이자 조언가로 우리 옆에 있어준 빌과 레이첼 존슨 부부(빌은 휫워스(Whitworth) 대학의 심리학과 학과장이고 둘 다 뛰어난 상담가이다)에게 감사드린다.

존이 알아보지 못할 정도로 작게 휘갈겨 쓴 많은 글을 해독해서 읽기 쉽게 타이프해 준 조이스 폴랜드와 토니 링컨에게 감사드린다. 특히 토니는 여러 장을 편집하였다.

집에 상주하는 상담자로 계속 전화받는 수고를 감당하고, 종종 우리가 책에 빠져있을 때 집안일을 해준 자넷 윌콕스에게 감사드린다.

우리가 깊은 생각의 수영장에 빠져 헤엄치다가 돌아와서 "뭐? 뭐라고? 어… 아 그래, 다시 말해 줄래?"라고 할 때마다 다시 질문하고 말하길 자주 반복해야 했던 우리 자녀와 손주, 친척과 친구들에게 감사드린다.

이 책에 자신의 결점이나 성공, 죄가 나오지만 특히 우리 부모님, 자녀들, 그리고 친척들이 그러했는데 보호를 목적으로 이름을 바꾸는 일을 하지 않은 사람들이 있다. 각각의 경우에 이름의 사용을 허락받았는데, 온 세상에 자신의 이름이 드러나는 것을 기꺼이 허용해 주어 감사드린다.

마지막 원고를 준비할 때 린 페인의 동성애에 관한 새 책, 〈깨어진 형상 The Broken Image〉이 출간되었다. 본서 16장 '원형과 동성애'를 읽은 후에 더 연구하길 원하는 사람이라면 찬사를 보낼만한 그녀의 이 책을 읽을 것을 추천한다.

수많은 삽입과 삭제, 그리고 알 수 없는 표기를 헤치고 지나가며 인내와 끈기로 마지막 원고를 타이프한 우리 친구 마르시아 티파니에게 특별히 감사드린다.

우리의 지나치게 일하려는 성향과 끊임없이 싸워 우리가 우리 자신을 위한 안식일을 지키도록 하고 종종 성공하진 못했지만 그리스도의 몸의 수많은 사람들이 도와달라고 요청하고 요구하는 것으로부터 우리를 지켜 책을 쓰는 우선순위를 지킬 수 있도록 했던 엘리야의 집(역자주: 1973년 아이다호주에 말라기 4:5-6의 말씀을 기반으로 존&폴라 샌드포드에 의해 세워진 비영리사역기관)의 모든 위원과 회원들에게 감사드린다.

물론 속사람의 치유에 관한 책의 감사 목록에 아그네스 샌드포드의 개척자적인 업적이 빠질 수 없다. 우리 모두에게 있어 그녀는 기도로 하는 내적 치유 분야에서 선구자일 뿐 아니라, 주님 안에서 우리의 첫 번째 멘토이고, 친구이자 조언자였다. 우리의 마구 치솟는 신비주의가, 건전한 신학과 하나님의 말씀, 그리고 현실에 안전하게 정박하도록 처음 끌어내린 것이 바로 그녀의 견실한 상식이었다.

무엇보다 상쾌하고 불변하는 주님의 사랑과, 그분의 단순한 길을 복잡하게 만드는 우리를 참아주시는 그분의 유머러스한 능력으로 인해 주님께 찬양과 감사를 드리길 원한다!

모든 성경 구절은 다른 말이 없는 한 NASB(New American Standard Bible)에서 인용한 것이다. (역자주: 이 번역본에서는 대부분 개역한글판에서 인용하였고, 흠정은 한글킹제임스 성경을, 표새는 표준새번역개정판을, 공동은 공동번역을 의미한다. 또한 성경 구절에서 강조체는 저자의 표시임을 미리 밝힌다.)

추천의 글   a Letter of Recomendation

　　마침내 "속사람의 변화"가 번역되어 나왔다. 그동안 신학교 강단과 성인 연장교육 장소 등에서 영혼의 돌봄과 치유에 관하여 강의와 개인상담, 집단상담 및 대중 치유사역을 해오면서 항상 마음에 걸렸던 것은 치유는 성장이며 변화요 영적 성숙임을 강조했지만 성도들의 마음으로부터 무슨 절벽 같은 느낌이 부닥쳐올 때마다 본 서가 생각났었다. 한국 사람들, 곧 한국의 교회는 당장의 상처와 그 기억이 초래하는 영겁의 세력에 짓눌린 나머지 (대한민국은 반만년의 역사를 자랑하지만 그 역사는 반만년의 우상숭배의 역사일 뿐이다) 무엇보다 우선 치유 받고 싶은 생각, 당면한 고통에서 벗어나고픈 소원만 가득하였을 뿐, 영적 성숙에의 필요성에는 아예 마음의 문을 닫고 있는 것처럼 보였다. 성경적이고도 기독교신학의 체계위에서 인간영혼에 대한 심리학적 이해와 통찰을 무시하지 않으면서 성령의 능력으로 어두움을 몰아내어야 한다는 것에는 관심이 없는 것처럼 보였다.

　　성령의 나타남이라는 영성적 기초위에서 영적 성숙을 도모하는 것이야말로 참된 성경적 내적치유이다. 그러려면 성령의 역사가 사도행전이래로 그쳤다는 신앙의 소유자(Cessationalists)는 믿음의 태도를 고쳐야 한다. 오늘날, 바로 지금도 성령님이 역사하신다는 믿음을 회복하고 성령님의 임재를 사모하고 소원하여야 한다. 성령님만이 인간을 치유하시고 변화시키시고 성장시키시기 때문이다. 성령의 은사가 나타나고 현존하시는 성령님을 믿지만 심리학적 통찰을 무시하는 성도는 자신의 지적 무지를 겸손히 인정하고 성경적 진리의 테두리 안에서 현대 심리학이 가져다주는 통찰의 도움을 받아들여야 한다. 이런 점에서 내적치유에 관해 가장 종합적인 안내서인 본서는 그 출판과 더불어 한국교회 성도들이 23년간 기다려왔던 책이라고 할 수 있겠다.

a Letter of Recomendation

　　본서의 저자 샌드포드 부부는 성령의 기름 부으심과 지도하심을 통해 수많은 치유상담 경험을 하였고, 그를 통해 성경적 계시 안에서 치유의 성경적 원리와 성경적 치유심리학을 발전시켰다. 이 원리의 도움을 받아 회개의 지속적이고도 기나긴 과정, 다른 말로 하면 과정으로서의 성화를 체험해 왔고 지금도 그 과정위에서 우리와 함께 성장을 체험하고 있는 분들이다. 그리고 내적치유는 경건한 성경적 신앙의 토대위에서(성경을 알고) 건전한 복음주의 신학(신학적 소양)과 현대 심리학의 통찰을 내면에 통합하여 자아의 죽음을 통과하여야 성령님의 기름부으심을 인식하고 그 인도를 따를 줄 알도록 돕는 것이다. 이러한 조건에 부합하는 극소수의 영성적 내적치유 사역자이기도 한 저자들이 기술한 "속사람의 치유"는 저자들의 영적성장 과정에 대한 고백서이기도 하다,

　　오늘날 저자 부부는 본 서를 쓸 때와는 훨씬 다른 모습, 전 세계적으로 탁월한 영적 거장이 되어 우리들 앞에 있다. 내적치유, 영적 성장, 성령의 은사와 능력의 나타남에 관해 쓴 30여권이 넘는 저술들이 이를 말해둔다. 왜 이런 말을 하는가? 저자처럼 영혼의 평안을 되찾고, 영적 성숙을 사모하는 한국교회 성도님들에게 본서는 그래서 유익하고 그만큼 값지고 귀하다. 예수 그리스도 안에서 그리고 그리스도의 몸 안에서 함께 성장하기를 소원하시는 독자 분들은 본서를 읽기만 해도 자기 안에서 따스한 감정이 되살아나고 치유가 발생하는 체험을 겪게 될 것이다. 그것만이 아니다. 누가 아는가, 독자들께서도 "마음의 눈"(엡 1:18)이 밝아지는 경험을 하시게 될 줄을!

안태길 박사
前 침신대 교수(목회상담학)
現 한국치유영성연구소장

속사람의 변화 1 권 목차

서문

제 1 절 기초

1장 성화와 변화 ... 20

2장 변화의 복음적 토대 ... 46

　　1부: 신자의 믿지 않는 마음 ... 46

　　2부: 우리는 어떻게 하나님을 보는가 ... 53

3장 3부: 성취지향성 ... 72

4장 법의 토대 ... 114

5장 용서의 중심능력과 필요 ... 146

6장 순환고리 깨기 ... 162

7장 크리스천 상담자의 역할 ... 180

① 권 이후의 내용
To be Continued...

제 2 절 초기 삶 – 숨은 죄

8장 요람기

9장 걸음마의 공포

10장 걷기로부터, 학교까지

제 3 절 6세에서 12세까지

11장 내적 맹세

12장 돌같은 마음

13장 도피와 통제, 묻어둠과 소유욕

14장 쓴뿌리 판단과 기대

제 4 절 성적 죄와 어려움

15장 음행과 간음, 과욕과 변태

16장 원형과 동성애

17장 역기능가정과 대리 배우자

제 5 절 십대와 결혼

18장 개별화와 부르심에 대한 불안

19장 찾기와 떠나기와 연합하기

20장 하나됨의 문제

제 6 절 부활 부분

21장 그리스도 안의 부모

22장 그리스도의 몸의 사역과 친교

서문

  이 책은 소설처럼 죽 읽어 내려갈 수 있는 책이 아니다. 이 책은 연구를 위해 썼다. 각 장이 독립적이기에, 평신도 독자, 목사, 교사, 대학교수가 정기간행물과 논문에 본서의 어느 장이건 뽑아서 사용하는 것이 우리의 바램이다. 그렇게 하기 위해 기본 주제를 이 책에서 계속 반복하였다. 그래서 이 책은 교향곡과 비슷하다. 큰 주제가 각 악장에서 새로운 방식과 템포로 되풀이된다. 우리는 독자들이 이해하면서 읽다가, 익숙한 부분이 나오면 지나칠 수도 있고, 벌처럼 새로운 생각의 꽃에 내려앉아 자신에게 특별한 꿀(지혜)에 가장 적합한 화밀(花蜜, nectar)을 갖고 집에 돌아갈 것을 권한다.

  이 책은 에세이나 지적인 연습을 위한 책이 아니다. 이 책은 비인격적이고 객관적인 가르침의 도구로 사용되도록 쓴 것이 아니라 독자가 마음으로 참여하길 바라고 쓴 것이다. 책읽기는 체험되어야지, 삶과 분리되어서는 안된다. 천천히 읽을 수도 있다. 한번에 많은 내용을 소화하지 못했다고 해서 꺼림칙하게 생각지 마라. 많은 이들이 책을 내려놓고 잠시 숙고를 해봐야 할 것이다. 마음이 비옥한 토양이 되기 위해서 여러 번 반복하여 읽을 수도 있다.

많은 내용이 어떤 독자들을 당혹스럽게 할 수 있음을 알지만 그것이 우리의 의도는 아니다. 우리는 독자들의 '융통성'과 하나님의 은혜를 믿는다. 누구라도 자신의 생각과 감정이 건드려지면 당분간 주위 사람들에게 좀 좋지않게 행동할 수도 있다. 처음에는 열매가 좋아 보이지 않아서 책을 덮어버리고, 믿음이 주는 기쁨을 따라가고 싶을 수 있다. 그러나 기다려라. 새로운 씨앗은 땅 속에서 죽어야 싹을 틔운다. 새싹이 나기 전까지는 실패에 불과하다고 보일 수 있다. 좀 더 기다려라. 처음 잎이 났다고 해서 열매를 맺을 준비가 다 된 것은 아니다. 시간을 더 두고 기다려라. 꽃을 먹을 수는 없는 법이다. 인내심을 갖고 기다려라. 설익은 열매는 맛이 시기 마련이다. 그럴 때라도 서두르지 마라. 대부분의 익은 음식은 천천히 요리할 때에 그 맛이 더 좋은 법이다. 좋은 열매를 맺을 것이다.

책읽기는 개인적인 경험이다. 그러나 결과는 그렇지 않다. 보는 것은 혼자 할 수 있지만, 이해하려면 친구와 나누는 일이 필요하다. 함께 얘기할 친구가 없다면 너무 많은 책읽기를 하지 마라. 고립은 파멸에 이를 뿐이다. 읽으면서 자신의 모습에 대해 나누라.

이 책을 읽기 시작할 때에, 교회는 당신이 있는 자리에 이르지 못했을지도 모른다. 이 책을 다 읽고 난 후에는 더욱더 그러할 것이다! 누룩이 되라. 주변에 당신을 이해할 사람 몇몇을 두라. 다른 사람이 당신을 이해하기를 기대하지 마라. 밖으로 나가 모든 사람에게 문제점이 무엇인지 성급하게 말하지 마라. 그렇게 하지 않아도 교회가 잘 있을 수 있다. 특히 목사님을 성가시게 하지 마라. 그는 당신의 도움 없이도 금방 그것을 이해하게 될 것이다. 아마도 목사님은 현관 앞에 앉아서 탕자가 돌아오길 기다리고 계셨을 것이다.

당신은 모든 것이 어지럽혀진 채로도 지금까지 살아남았다. 모든 것을 한꺼번에 바로잡으려고 시도하지 마라. 하나님은 광야를 통과할 길을 알고 계신다.

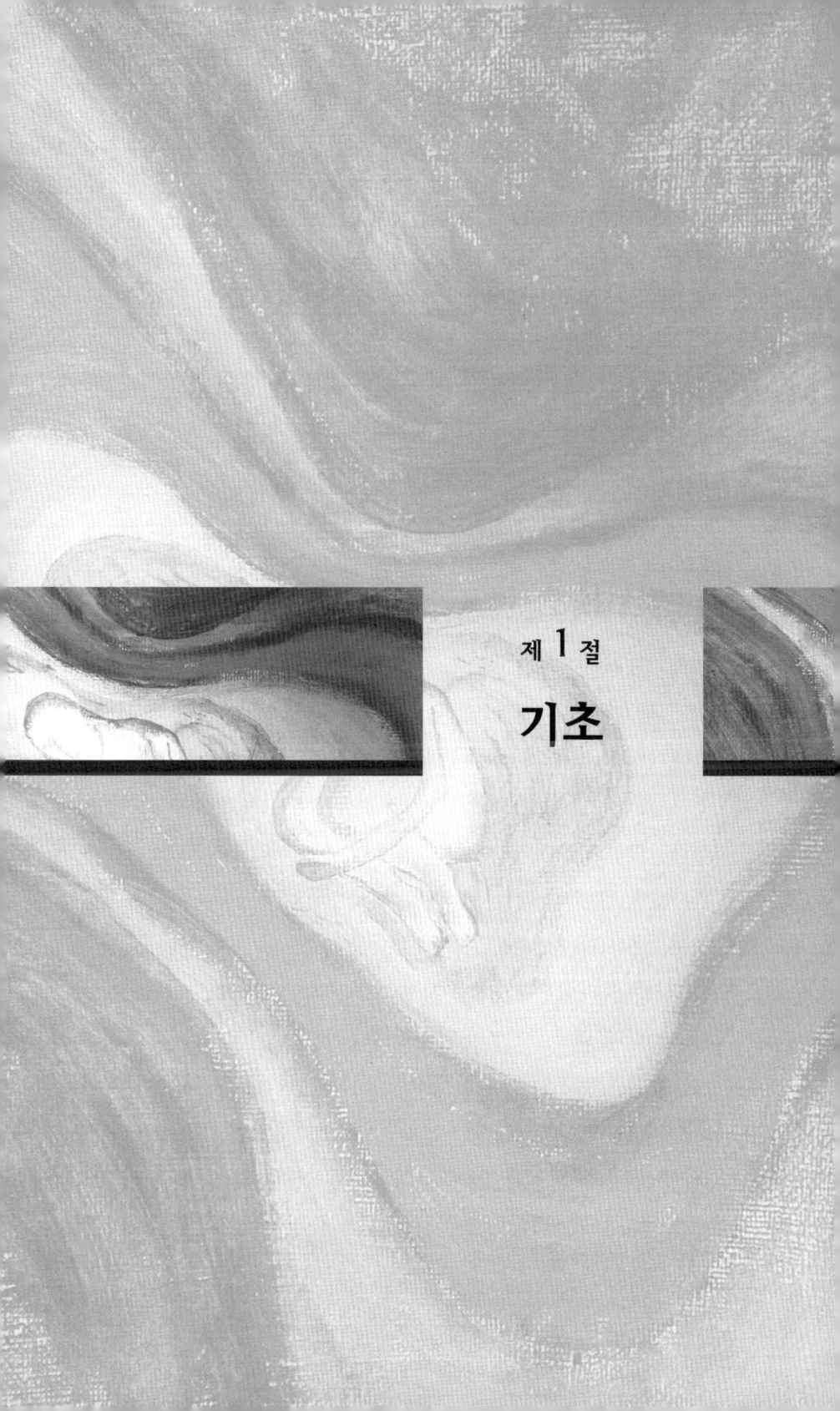

제 1 절

기초

제1장 성화와 변화
Sanctification and Transformation

    제 2차 세계대전 중 아그네스 샌드포드는 병원에서 자원봉사자로 일했다. 그곳에서 다리뼈가 3인치나 날아간 유대계 미국인 병사 해리를 만났다. 아그네스는 그를 위해 기도하며 그에게 기도를 가르쳐 주었고, 몇 주 후 해리의 다리뼈가 3인치 자라난 것을 함께 기뻐했다! 이 기간동안 해리는 예수님을 주님과 구주로 영접했다. 후에 해리는 아그네스에게 쓴 편지에서, 잘 지내고 있으며 크리스천 정신과 의사가 되고자 공부하고 있지만, 어쩌다 한번씩은 말할 수 없는 분노를 터뜨리며 방에서 타자기를 던지는 등의 끔찍한 행동을 저지르는데, 그 이유가 뭔지 이해할 수 없다고 적었다. 아그네스는 이 일을 주님께 여쭤봤고, 주님은 이방인 부랑자들이 어린 해리를 조롱하며 때리는 환상을 그녀에게 보여주셨다. 성령님은 아그네스에게, 문제가 성인이 된 해리에게 있는 것이 아니라, 한번도 치유된 적 없는 해리 마음의 곪은 상처에 있음을 알려주셨다. 아그네스는 어린 소년 해리가 안심하고 위로받으며 상처주었던 사람들을 용서

> 화평의 하나님께서 너희를 온전히 거룩하게 하시고
> 너희의 온 영과 혼과 몸이 우리 주 예수 그리스도께서 오실 때까지
> 책망할 것이 없게 보존되기를 하나님께 기도하노라 살전 5:23, 흠정

할 수 있게 도와달라는 기도를 했다. 후에 해리는 놀라서 답장을 썼다. 무슨 일을 하셨죠? 해리는 그 어느 때보다 마음이 가볍고 자유로워졌고 분노들이 사라진 것 같다고 알렸다. 그 이후로 분노가 사라졌다.

주님은 곧 아그네스에게 많은 사람들의 내면에 있는 잊혀진 충격적 사건과 같은 많은 것을 보여주기 시작하셨다. 이는 정신의학자들이 오래 전부터 알고 가르쳐왔던 것이다. 새로운 점은 과거의 사건을 다루는 현재의 기도의 능력이었다.

아그네스는 '기억의 치유'라고 불리우게 된 것을 가르치기 시작했다. 그녀는 이 용어를 좋아한 적이 없다. 이는 그녀가 고안해 낸 말이 아니었다. 아그네스에게 있어 치유는, 야고보서 5:13-16의 "너희 죄를 서로 고하며 병 낫기를 위하여 서로 기도하라"의 말씀처럼, 고해성사의 일을 하는 것이었다. 아그네스는 용서받지 않고 잊혀져 마음에 묻혀진 과거의 죄들은 원치않는 부적절한 행위로 표현될 수 있으며, 만약 그 죄가 용서

되고 마음이 깨끗해지면 행위는 변화될 수 있다고 보고 그렇게 가르쳤다.

교회에 충실했던 아그네스는, 이 사역을 특히 전문적 직업을 가진 사람들에게 믿음과 치유의 상관관계를 가르치고, 목사와 장로들은 목양을 잘하도록 구비시키는 교회사역으로 보았다(엡 4:11). 그녀는 교구목사인 남편 테드와 함께 목회적 돌봄학교(School of Pastoral Care)를 창설했는데, 이 곳에서는 지금도 의사, 간호사, 성직자 및 기타 사역자들을 위한 세미나를 가끔씩 열고 있다. 초기에는 속사람의 치유가 대부분 세미나의 성령관련 커리큘럼의 작은 부분을 차지하였다.

많은 목사와 의사, 간호사 등이 와서 배웠는데 이 가운데에는 프란시스 맥너트, 바바라 쉘몬, 토미 타이슨, 허먼 리펠, 폴라와 나를 비롯하여 이후로 속사람의 치유에 관한 글을 쓰고 이로 인해 알려진 사람들이 있다. 확신컨대 당시 우리 중 어느 누구도 성령께서 드러내기 시작하신 것의 온전한 비전을 붙잡지는 못했다. 아그네스는 항상 치유라는 영역에 관심이 있었다. 아그네스와 그녀의 가르침 전반에서 이러한 지식이 치유의 도구로 남았고, 아그네스를 따라가는 대부분의 사람들에게 내려오고 있다.

나(존)는 아그네스 샌드포드를 1961년 미주리주 스프링필드에서 만났다. 그 곳에서 아그네스는 내 허리의 치유를 위해 기도하면서 내가 어머니를 용서할 수 있도록 주님께 기도했다(13살 때까지 나와 어머니의 관계는 끔찍했다. 하지만 그때 내가 어머니를 용서하고 나의 죄를 용서받은 이래로, 불완전할지라도 어머니와 나는 좋은 관계를 맺고 있다.) 나는 아그네스가, 내가 다다를 수 없는 태아기로부터 13세에 이르는 내면의 소년을 위해 기도하고 있음을 전에 배운 심리학 지식으로 알았다. 이것은 효과가 있었고 나는 치유받았다.

얼마 안 있어 나는, 아그네스가 우리 집 앞문을 열지도 않고 들어와 나와 씨름하는 꿈을 꾸었다. 우리는 거실 온 마루바닥을 뒹굴며 씨름했다(창 32:24-32). 당시 나는 183cm의 키로 75kg의 무게를 들어올릴 수 있었다. 163cm의 여인이 나를 이기다니! 그리고 그녀는 따라오라고 나에게 손짓하며 문을 나서 밤새 어느 높은 건물의 탑으로 가 한 층 한 층 오르며 불을 켰다. 이 꿈을 꾼 이래로 주님께서는 내 '지식의 탑'의 불을 켜오셨다.

1963년, 나는 목회적 돌봄학교에서 개설된 많은 세미나에 강사로서 아그네스와 함께 일했다. 수년간 우리는 함께 미국전역의 학교와 선교단체에서 속사람의 치유를 가르쳤다. 처음에는 이 사역을 신부에게만 하던 고해성사가 만인제사장으로서 모든 신자에게 확장된 정도로만 여겼는데, 주님께서는 점차적으로 그 분의 더 큰 목적에 내 눈을 뜨게 하셨다. 나는 원래 발생한 사건과 현재 행위 뒤에 있는 원망과 판단의 죄(sins)와 옛 본성의 죄의 습관(sinful practices)과의 현격한 차이를 이해하게 되었다. 죄(sins)는 용서가 필요하지만 우리의 죄성(sinful nature)은 우리 자신이 십자가에 죽음으로만 해결될 수 있다. 예수님께서 우리를 위해 전적으로 용서의 사역을 담당하셨다. 하지만 십자가의 죽음은 우리의 참여를 요구한다. 당시 내적치유에 들어온 많은 이들이 용서를 위해 옳게 기도하면서도, 죄성을 십자가에 못박지 않는 일이 빈번하였다. 반면 많은 목사들은, 매일 십자가에 자아를 못박도록 잘 얘기하면서도, 초기 아동기에 죄의 습관이 어떻게 형성되는지 혹은 십자가에서 죽고 거듭남을 위해 내면의 아이에게 접근하는 방법을 잘 몰랐다. 내가 볼 때 내적치유

사역자란 뿌리에서 끈질기게 자라나오는 잡초를 계속 잘라내는 정원사와 같다. 뿌리에 도끼를 대는 전(全) 과정을 이해하는 사람은 없어 보였다. 뿌리는 지표 아래에 숨어있다. 죄와 죄성 양자를 다루며 원인의 깊은 수준에서 어떻게 우리의 육신적 본성을 변화시키는지를 아는 치유자나 목사는 없어 보였다. 이 부분에 있어 교회의 큰 취약함 때문에 그리스도의 몸 안에 진정한 성화와 변화가 부족해져 성숙함이 계속 결핍되었다고 본다.

  그때 나는, 우리 모두가 성화의 문을 여는 열쇠를 부지불식중에 더듬어 찾는 어린아이와 같음을 알았다. 아그네스가 이를 밝혀내기 시작했다. 많은 사람들이 내면아이에게 접근하는 법을 배웠다. "너희는 돌아보아 하나님 은혜에 이르지 못하는 자가 있는가 두려워하고 또 쓴 뿌리가 나서 괴롭게 하고 많은 사람이 이로 말미암아 더러움을 입을까 두려워하고"(히12:15) 그러나 지속적인 죽음과 거듭남으로 인한 내적변화라는 온전한 통찰을 갖는 사람은 없어 보였다. 하나님은 온전해진 아들로 키우기를 원하시지만, 치유자들은 사람에게 풍성한 생명을 회복시키는 것만 생각했다. 그래서 많은 사람들이 헌옷을 없애고 새 옷을 입기보단 헌 옷의 너덜너덜한 부위를 기워 입기에 그쳤다.

  속사람에 대한 사역이 몇 명의 문제에 빠진 사람을 치유하는 도구일 뿐 아니라 모든 평범한 크리스천의 마음의 변화에 있어 핵심적인 열쇠라고 생각하는 이는 없어 보였다! 그리스도 안에서 성숙하기 위해 태아기부터 현재까지 인생의 매 순간에 상담과 기도를 통해 십자가를 적용하는 것이 얼마나 효력있는지를 선구자들 뿐 아니라 전 기독교계가 온전히 이해하지 못하였다. 그리하여 "한번 이루어진 것은 영원하다"가 거듭난 신자들에게 있어 마술 같은 표어가 되어왔다. 그리스도를 구주이자 주님으로 영접하기만 하면 된다. 이것은 이생과 천국에서의 삶에 필요한 모든 것을 이루어주는 마술로 잘못 둔갑해버렸다. 그리스도의 몸은, 모든 죄악의 행위가 완전히 씻겨졌다고 바르게 이해하면서도, 마음의 모든 부분이 이런 사실을 기쁜 소식으로 온전히 받아들이지 못함은 알지 못했다. 신분상으로 옛 사람이 완전히 죽고 전혀 새로운 피조물이 되었음은 옳게 믿었지만, 실상 속사람의 많은 영역이 심지어 드러나지도 않았으며, 그 죽음을 받아들이기는 더더욱 거부한다는 것을 이해하지 못했다. 그래서 크리스천은 "나는 거듭났어요. 완전히 변화됐어요. 나는 새 피조물이에요. 과거는 지나갔어요"라고 선언하지만, 자신의 삶에는 그와는 반대되는 양상이 너무도 자주 나타난다. 그래서 예수님의 복음이 불신자들에게 욕되게 된다. 이런 신자들은 속사람의 치유를 자신의 구원을 부인하는 것으로 받아들이는데, 오늘날까지도 이런 사람들이 많이 있다.

그때 거듭난 많은 사람들이 내적치유에 등을 돌린 이유 중 하나는 (지속적인 죽음의 고통을 단순히 회피하기 위해 영단번에 이루어졌다고 주장하는 경우 이외에), 내적치유의 장에 들어선 많은 이들이 인간의 죄성에 대해 성경적이고 복음적인 건전한 이해가 없었고, 그 결과 심리학적으로 기울어져 생각하는 경향이 있었기 때문이었다. 지금까지 주창자의 가르침을 따르는 심리학에서는, 인생이 우리가 누구인지를 써내려가며, 우리에게 일어난 일에 의해 우리가 조건화된다고 믿는다. 심리학은 죄를 간과한 채 조건화를 논하는 경향이 있기 때문에 죄책감을 축소한다. 건전한 신학에서는, 우리의 습관이 생애에 일어난 사건 때문이 아니라 우리의 죄성 자체에 기인한다고 주장한다. 크리스천으로서 우리는, 아담으로부터 물려받아 이미 우리 안에 존재하는 것이 우리에게 일어난 모든 사건에 대한 해석을 결정하고, 어떤 반응을 선택할지에 크게 영향을 미친다고 믿는다. 게다가 아담의 죄로 인해, 어떤 사건이 발생하여 우리를 잘못 만들기 이전에 우리가 먼저 잘못된 행동을 하곤 한다. 삶이 우리에게 무언가를 하는 것만이 아니라, 우리가 먼저 삶에 무언가를 한다. 그러므로 크리스천 상담자는 항상 죄책을 먼저 다루고, 그 후에 조건화를 다룬다.

심리학자는 개인이 사람 구실할 수 있는 수준으로 회복하길 원하는 반면, 크리스천은 용서하고 죽음과 거듭남을 경험하게 한다. 우리는 내담자가 갖는 어려움에 대해 먼저 이를 슬퍼하고 극복할 것으로만이 아니라, 하나님께서 혼을 성숙시키기 위해 마련해 두신 상황으로 본다. 생애 전체를 보되 특별히 죄성의 변화에 주의한다. 죄에 대한 성경적 교리가 신학적으로 정립되지 않으면, 유감스럽지만 치유 분야는 십자가와 성화 중심이 아닌 문제 중심이 되고 만다. 이는, 용서와 위로가 좋은 일이긴 하지만, 우리의 죄성을 십자가에 못박는 일은 하지 않는다는 뜻이고, 그러면 사람들이 '하나님의 영광에 이르지 못하게' 된다. 진정한 지속적인 변화가 일어나지 않는다. 벌어진 상처에 반창고를 붙이는 조치만 취해진다. 보혈로 사건을 다루지만, 내적 구조가 십자가에서 죽는 일은 이루어지지 않는다. 용서와 위로가 잘못되어서가 아니라, 그것만으로 불충분하기 때문에 그렇다. 아직 무엇인가가 부족하다. 그 무엇, 즉 성화에 이르는 열쇠란, 지속적인 죽음과 거듭남을 통해 계속 변화를 일으키는 십자가와 부활의 능력으로 마음 속의 심층에 다다르는 방법에 대한 지식임이 밝혀졌다.

수년간 나는, 교회에 말씀과 성령, 은사들이 있음에도 불구하고 계속 나타나는 패역함과 약함에 대해 상고했다. 그때 나는 교회 생활과 사역에 중요한 한가지가 빠졌음을 알게 되었는데, 그것은 내적인 성화와 변화의 필요성과 방법에 대한 이해의 부족이었다. 한마디로 말해, 마음은 단 한번도 제대로 다루어진 적이 없었다. "그들이 내 백성의 딸의 상처를 조금 고쳐 주고 말하기를 '화평이라, 화평이라.' 하나 거기에는 화평이 없도다"(렘 6:14, 8:11, 흠정).

다음의 성경구절들이 내 눈에 띄기 시작했다. "주의 성령이 내게 임하셨으니 이는 가난한 자에게 복음을 전하게 하시려고 내게 기름을 부으시고 나를 보내사 포로된 자에게 자유를, 눈먼 자에게 다시 보게 함을 전파하며 눌린 자를 자유케 하고 주의 은혜의 해를 전파하게 하려 하심이라"(눅 4:18-19). "너희는 이 세대를 본받지 말고 오직 마음을 새롭게 함으로 변화를 받아 하나님의 선하시고 기뻐하시고 온전하신 뜻이 무엇인지 분별하도록 하라"(롬12:2). "그러므로 땅에 있는 지체를 죽이라 곧 음란과 부정과 사욕과 악한 정욕과 탐심이니 탐심은 우상 숭배니라... 너희가 서로 거짓말을 말라 옛사람과 그 행위를 벗어 버리고"(골 3:5,9). "그러므로 너희는 하나님의 택하신 거룩하고 사랑하신 자처럼 긍휼과 자비와 겸손과 온유와 오래 참음을 옷입고"(골 3:12). "너희는 돌아보아 하나님 은혜에 이르지 못하는 자가 있는가 두려워하고 또 쓴 뿌리가 나서 괴롭게 하고 많은 사람이 이로 말미암아 더러움을 입을까 두려워하고"(히 12:15).

"화 있을진저 외식하는 서기관들과 바리새인들이여 잔과 대접의 겉은 깨끗이 하되 그 안에는 탐욕과 방탕으로 가득하게 하는도다 소경된 바리새인아 너는 먼저 안을 깨끗이 하라 그리하면 겉도 깨끗하리라"(마 23:25,26).

"너희도 산 돌같이 신령한 집으로 세워지고 예수 그리스도로 말미암아 하나님이 기쁘게 받으실 신령한 제사를 드릴 거룩한 제사장이 될지니라 경에 기록하였으되 보라 내가 택한 보배롭고 요긴한 모퉁이 돌을 시온에 두노니 저를 믿는 자는 부끄러움을 당치 아니하리라 하였으니"(벧전 2:5-6).

그 때 나는 성령께서 그리스도의 전체 몸을 위한 사역의 문을 여시고자 함을 알게 되었다. 이 사역이란, 문제를 가진 몇몇 힘든 사람을 치유하는 소수의 수퍼스타를 위함이 아니라, 전체 몸을 구성하는 모든 지체의 성화와 성숙을 위함이었다. 이는 주님께서 이루신, 모든 사람을 위한 모든 사람의 사역이었다. 주님은 특정한 기억만을 치유하거나 특정한 죄만을 용서하기 원치 않으신다. 모든 나무의 모든 뿌리에 도끼를 대는(눅 3:9) 세례요한의 사역을 일으키는 것이 그분의 목적이다. 주님은 전(全) 교회를 정결케 하고, 교회를 통해 세상을 정결케 하기 위해 그 분의 '메신저'를 일으키신다. "그가 은을 연단하여 깨끗케 하는 자같이 앉아서 레위 자손을 깨끗케 하되 금은같이 그들을 연단하리니 그들이 의로운 제물을 나 여호와께 드릴 것이라"(말 3:3).

> 모든 성도 중에 지극히 작은 자보다 더 작은 나에게 이 은혜를 주신 것은 측량할 수 없는 그리스도의 풍성을 이방인에게 전하게 하시고 영원부터 만물을 창조하신 하나님 속에 감춰었던 비밀의 경륜이 어떠한 것을 드러내게 하려 하심이라 이는 이제 교회로 말미암아 하늘에서 정사와 권세들에게 하나님의 각종 지혜를 알게 하려 하심이니 엡 3:8-10

지나친 열심을 품고 그리스도의 몸을 위해 이 비전에 대해 글을 쓰려고 하였다. 그때는 1968-69년 겨울, 아이다호주 왈라스에 있을 때였다. 11월에서 3월까지 눈이 15cm치나 쌓였다! 캠프용 이동주택의 탁자 위에 종이를 놓고 글을 쓰고 있었다. 외부 설교를 마치고 이동주택에 돌아와 보니, 녹은 눈의 무게로 지붕에 구멍이 생기고 오직 한 지점에 눈이 떨어졌다. 바로 내가 작업하는 탁자였다! 모두 젖었다. 원고는 매 페이지마다 얼룩이 번졌고 서로 들러붙었다. 이보다 더 완벽하게 주님께서 "존, 너 완전히 젖었어(역자주: '틀렸어' 라는 뜻)!"라고 말씀하실 수 있었을까! 그리고 〈엘리야의 임무 The Elijah Task〉 제4장 '선지자의 부르심' 의 51-57쪽에서 말한 '풀을 뜯어먹는 7년'의 시간이 있었다. 그 기간동안 내 사고방식이 현격히 바로 잡혔다. 마치 세상의 위아래가 뒤바뀐 것과 같이(행 17:6)! 그 당시 내가 생각한 변화란, 전인(全人)이 깨끗해지고 온전해지기까지 아픈 이곳 저곳에 심기기를 올려놓는 것과 같있다. 주님이 문제 영역 하나 하나를 변화시키시면, 우리가 점점 나아지고 더욱 더 거룩해져서, 결국 에베소서 4:15-16에 약속된 완전한 사람이 된다고 생각했다.

그런데 그 고난의 7년 동안 성령님은 우리를 개선시키거나 좀 더 나은 사람이 되게 하지 않으심을 알게 되었다! 그분은 우리를 완전히 죽이시고 새롭게 만들기 원하신다. 속사람의 변화란, 물리적으로 죽기 전에 육신이 단 한번에 완전히 뒤바뀌는 것이기보다는, 예수님의 의를 입는 가운데, 우리를 조정하는 육신의 능력이 근절되는 것임도 배웠다. "그러나 너희는 그 분에게서 나서 그리스도 예수 안에 있고, 주께서는 하나님에게서 나셔서 우리에게 지혜와 의와 거룩함과 구속이 되셨으니"(고전

1:30, 흠정). 이 세상에서 인간의 궁극적인 완전함이란 관점에서 볼 때, 성령님께서 육신의 어떤 영역을 변화시키셔서 인간이 항상 자기 성품의 그 부분을 의지할 수 있게 되면, 인간은 필연적으로 예수님 의지하기를 그만두고 자기 육신을 신뢰하게 될 것이다. 따라서 그의 완전함이 총체적이든지, 아니면 교만의 허물을 피할 수 없게 된다. 그는 예수님의 지속적인 구원하심을 감사하지 않게 될 것이다. (아마도 이것이 창 5:24에서 주님이 에녹을 데려가신 이유가 아니었을까, 그가 사람들 가운데서 타락하지 말라고.) 그래서 주님은 우리를 치유하셔서, 우리의 성품이나 옳게 행하려는 우리의 의지력이 아니라, 우리를 지탱하는 주님의 능력을 믿고 의지하게 하신다. 역설적이지만, 자신의 육신을 전혀 신뢰치 않고 주님을 의지하길 배울 때 우리는 치유된다. 변화의 영속성은 주님의 변치않으심에 있는 것이지, 새롭게 주님을 신뢰하게 된 능력을 제외하면, 우리 안에 변화된 무엇이나 우리 안에 견고하게 자리잡은 그 무엇으로 말미암는 것이 아니다. "하나님의 성령으로 봉사하며 그리스도 예수로 자랑하고 육체를 신뢰하지 아니하는 우리가 곧 할례당이라"(빌 3:3).

나에게 분명해진 것은, 많은 크리스천 상담자들이 심리학적 통찰을 잘 사용하면서도, 이에 대해 자신의 입장을 잘못 견지하기 때문에 많은 혼란을 야기한다는 점이었다. 심리학자는 자아상을 고쳐서 우리 자아를 신뢰할 수 있게 한다. 그리스도는 우리의 모든 육신적 자기신뢰를 근절해서, 우리의 자아상이 "나에게 능력을 주시는 분을 힘입어 나는 무슨 일이든지 할 수 있습니다"(빌 4:13, 공동)가 되게 하신다. 우리는 자아상을 세우면서, 이를 신뢰하는 잘못을 저지른다. 자아상으로 인해 어쩔 수 없이 – 자아상에 맞춰 살고, 다른 사람들이 이를 확실하게 보고 상줄 수 있게 하기 위해 – 자기중심적인 노력에 빠지게 된다. 그래서 자아상을 방어하고 만들고 다시 세우는 등의 일을 해야 한다. 그러나 크리스천의 정체성이란 선물이고, 하나님께서 우리 안에서 세워주시는 그 무엇이지, 보여지거나 보상받거나 방어해야 하는 것이 아니다.

그러므로 크리스천의 치유란, 망가진 것을 작동할 수 있도록 고쳐서가 아니라, 그 망가진 것의 능력으로부터 우리를 구해내어 그것이 더 이상 우리를 지배하지 못하도록 하고, 그 망가진 것 안에서 빛나는 주님의 의를 신뢰하기를 배울 때 일어난다. 자아상의 회복을 통해 치유하려는 이들은, 개인이 육신 안에 보수된 것과 육신적 옛 본성 안에 새로 형성된 습관을 신뢰하도록 만듦으로써 조만간 실패할 수밖에 없다. 반면 주님은 망가진 부분을 그 자리에 놓은 채 주님의 성품으로 이기게 함으로 치유하신다. 크리스천으로서 우리는 언제나 우리 안에 계신 주님의 의만을 신뢰할 수 있다!

이처럼 세상은 뒤죽박죽이 되었다! 세상은 망가진 것을 고치고 교만과 자기 확신을 다시 세우려 한다. 주님은 말씀하신다. "고쳐서 바로잡는 것이 아니다! 망가진 것은 하나님께 영광 돌리는데 사용할 것이다. 죄에 대해 이런 인식을 갖고 매일 새롭게 하나님의 성령님에 대한 신뢰를 쌓아나가다 보면 결국에는 그리스도의 성품의 아름다움을 찬송하게 될 것이고 모든 사람도 알게 될 것이다." "주께 모든 영광을 돌리기 위해 주의를 기울이겠습니다"라고 말할 필요 없다. 우리가 죄에 대한 우리의 죽음을 완전히 이해한다면, 주님께선 이미 영광을 다 받으신 것이다! 우리는 아무런 선한 일을 할 수 없다. 주님께서 모든 것을 성취하신다. 이런 의미에서 혼에 관해서는 치유란 없다. 단지 죽음과 거듭남이 있을 뿐이다. 구약에서는 혼의 회복에 대해 언급하고 있지만(시 23:3, 19:7 등), 크리스천은 그것을 지속적으로 예수님의 의 안에서의 죽음과 거듭남을 의미한다고 해석할 필요가 있다.

> 그러므로 우리가 그의 죽으심과 합하여 세례를 받음으로 그와 함께 장사되었나니 이는 아버지의 영광으로 말미암아 그리스도를 죽은 자 가운데서 살리심과 같이 우리로 또한 새 생명 가운데서 행하게 하려 함이니라 만일 우리가 그의 죽으심을 본받아 연합한 자가 되었으면 또한 그의 부활을 본받아 연합한 자가 되리라 우리가 알거니와 우리 옛 사람이 예수와 함께 십자가에 못 박힌 것은 죄의 몸이 멸하여 다시는 우리가 죄에게 종 노릇 하지 아니하려 함이니 이는 죽은 자가 죄에서 벗어나 의롭다 하심을 얻었음이니라 만일 우리가 그리스도와 함께 죽었으면 또한 그와 함께 살 줄을 믿노니 롬 6:4-8

정확히 이 신학적 전환점에 이르러 많은 크리스천 상담자들이 내담자를 암초로 몰고간다. 다른 이의 자아상을 (우리 안의 그리스도와 상관없이) 다시 세우고자 하는 이는 십자가에 반(反)하여 행하는 것이다.

> 무릇 육체의 모양을 내려 하는 자들이 억지로 너희로 할례받게 함은 저희가 그리스도의 십자가를 인하여 핍박을 면하려 함뿐이라 ... 그러나 내게는 우리 주 예수 그리스도의 십자가 외에 결코 자랑할 것이 없으니 그리스도로 말미암아 세상이 나를 대하여 십자가에 못 박히고 내가 또한 세상을 대하여 그러하니라 갈 6:12-14

그러한 관점에서 위 구절을 읽을 때에 '할례받게 함'을 '자기 자신의 자아상을 발견하여 그것을 위해 살게 함'으로 대신하여 읽어보라.

이제까지 설명한 것은, 마치 세상에서건 그리스도 안에서건 좋은 성품을 형성하려는 시도를 하지 말아야 하는 것처럼 들릴 수 있다. "어쨌든 실패할 거라면 왜 시도해야 하죠?" 하나님은 우리가 그 분과 상관없이 세우는 것을 허무실 수 있지만, 그렇다고 결코 자신의 성품을 형성하려는 시도를 못하게 하지 않으신다. 그분은 우리가 시도하길 원하신다. 올리버 웬델 홈즈의 시(詩) '방이 있는 앵무조개(The Chambered Nautilus)'에서 표현했듯이, 주님은 우리가 "오 내 영혼아, 더 위엄있는 집을 지으라"하길 원하신다. "땅이 스스로 열매를 맺되 처음에는 싹이요 다음에는 이삭이요 그 다음에는 이삭에 충실한 곡식이라(막 4:28)" 하나님은 우리가 더 신속하게, 그리고 더 열심히 노력하면 할수록 더 빨리 구주가 필요함을 알게 될 것을 아신다. 주님은, 우리가 노력한 것이 곪아터질 때 우리 자신과 노력이 죽고, 그것이 나무든 짚이든 그루터기이든 불에 던져져 태워지며, 이 과정을 통해 주님께서 우리를 돌과 은금으로 새롭게 빚으실 수 있게 하는 지혜의 흔적이 남음을 아신다(고전 3:11-15). 그래서 하나님은 혼 안에 견고히 세워진 튼튼한 집을 사랑하신다. 주님은 실패를 영광으로 변화시키실 수도 있고 또 그렇게도 하시지만, 아름답게 형성된 성품이 죽고 거듭나는 것을 훨씬 더 선호하신다. 왜냐하면 그럴 때 그 성품 안에 지혜의 영광 뿐 아니라 계승되는 세대의 아름다움도 있기 때문이다.

우리 안에 형성된 모든 성품은 좋건 나쁘건 간에 그리스도 안에서 죽고 다시 빚어져야 한다. 성화는 (이전에 내가 생각했듯이) 모든 본성이 뭔가 아름다운 것으로 바뀌어 빛날 때까지 타락한 습관 하나하나가 제거되는 과정이 아니다. 우리 자신이 완벽하게 되기는커녕, 우리는 우리 자신이 철저히 타락했음을 알고 예수님을 의지하게 된다.

사도 바울의 사역말기, 그의 몸에서 손수건을 가져가 병자에게 놓을 때 치유되는 일이 있을 때(행 19:12)에, 그는 이렇게 기록했다. "미쁘다 모든 사람이 받을만한 이 말이여 그리스도 예수께서 죄인을 구원하시려고 세상에 임하셨다 하였도다 죄인 중에 내가 괴수니라"(딤전 1:15). 사도 바울이 이전에는 죄인이었다가 이제 죄없는 성자가 된 것이 아니였다. 오히려 성숙이란 자신이 죄인 중의 괴수라는 것을 알기까지 현재의 죄를 더욱더 인식하게 됨을 뜻한다! 실상 그는 이렇게 말하고 있다. "나는 아직 도달하지 않았다. 나는 여전히 내가 어떤 사람보다는 낫다고 생각하고 있기 때문이다!" 바울의 성숙은 자신이 죽을 죄를 지었음을 아는 것에서, 그의 죄로 인해 그의 죽음이 이미 사실임을 깨닫는 단계로 발전해 갔다. "허물로 죽은 우리를 [하나님께서] 그리스도와 함께 살리셨고 (너희가 은혜로 구원을 얻은 것이라)"(엡 2:5). 예수님께서 단지 범죄 (sins) 때문에 죽으신 것이 아니라 죄(sin)를 위해 죽으셨음을 사도 바울은 알았다. 우리는 단지 죄인이 아니다. 우리가 죄가 된 것이다! 이를 포고(Pogo)는 웅변적으로 이렇게 표현했다. "우리가 원수를 만났는데, 바로 우리 자신이다!" "내 속 곧 내 육신에 선한 것이 거하지 아니하는 줄을 아노니 원함은 내게 있으나 선을 행하는 것은 없노라"(롬 7:18). "하나님이 죄를 알지도 못하신 자로 우리를 대신하여 죄를 삼으신 것은 우리로 하여금 저의 안에서 하나님의 의가 되게 하려 하심이니라"(고후 5:21). 전적인 타락을 이렇게 이해할 때, 주님의 성품이 우리의 모든 깨어진 것을 통하여 빛나고 주님이 영광받으신다.

예수님은 우리의 범죄(sins)를 위해 완벽한 제물만 되신 것은 아니다. 모든 점에서 우리와 같이 되셨다(히 2:17). 그분은 우리의 본성을 취하셨다(히 2:14-16). 아담과 하와의 타락 이래로, 죄는 우리의 본성이다. 주님은 죄가 되셨고, 이 죄로 인해 죽으셨다. 주님은 십자가 위에서 육체적 죽음만 경험하지 않으셨다. 주님은 모든 부분에서 우리의 죄가 되셔서, 그분이 되신 모든 영역- 마음, 생각, 혼, 육-에서 죽으셨다. 예수님은 우리를 그러한 완전한 죽음에서 일으켜 그분 안에서 새로운 피조물이 되게 하신다. 정녕 우리는 새로운 피조물이다. "그런즉 누구든지 그리스도 예수 안에 있으면 새로운 피조물이라 이전 것은 지나갔으니 보라 새 것이 되었도다"(고후 5:17).

그럼에도 불구하고, 위험부담은 남아있다. 예수님이라는 빛나는 새 칠 이면에는, 주님으로부터 돌아서면 언제든지 다시 나타나는 우리 자신의 타락이라는 녹이 남아있다는 것을 우리가 망각할 수 있다.

어찌 되었든지 결국 우리는 자신이 꽤 괜찮은 사람이라고 느끼고 싶어한다. "분명히 끔찍한 짓을 했어요. 그러나 예수님이 그 대가를 지불하셨고, 이제는 우리가 하나님이 창조하신 목적대로 '괜찮은 사람들'이 될 수 있지요." 여러분, 그런 것이 아니다! 자신을 벗겨내면 선한 알맹이가 나타나는 것이 아니다. 모든 것이 다 타락했고, 이제 "그 자리에 놔두고, 주님을 입는"(골 3장) 것이다. 입는 것, 그것이 새로운 본성을 갖게 되는 길이다.

교회에 부족했던 것은 그리스도 안에서의 매일 매일의 죽음과 거듭남이었다. 우리는 점잖은 체하며 죽음과 거듭남이 이루어졌다고 찬송했다. 과정이 단지 시작되었을 뿐인데 말이다! 구원이 행위로 말미암는 것이 아니라 은혜로 주어지는 것(엡 2:8-9)이라고 말한 바로 그 성인이 또한 기록하길 "…. 복종하여 두렵고 떨림으로 너희 구원을 이루라"(빌 2:12) 고 하였다. 예수님의 보혈은 우리의 죄를 씻어주고, 십자가는 우리를 구속(救贖)하고 의롭게 하고 속죄한다. 반면에 그분의 부활은 회복하고 새 생명을 준다. 그러나 우리의 옛사람을 죽이는 일을 계속하기 위해선 자신의 십자가를 매일 개인적으로 짊어져야 한다. 개인이건 그리스도의 전체 몸이건 간에, 매일 매일의 지속적인 성화의 과정이 충만해질 때, 신실하고 성숙한 사람이 나타난다(엡 4:16). 출생 이후로 우리 각자는 스스로가 용납할만한 자아를 세우고자 한다. 하나님처럼 온유하고 선하길 원하든지, 아니면 능력있든지, 혹은 악하기를 원하든지, 무엇을 원하건 간에 애쓴다는 점은 똑같다. 이는 우리가 원하는 대로 움직이는 성품구조를 세우려는 시도이다. 너무도 많은 크리스천이 이런 사실을 모르고, 여전히 좋은 자아를 세우는 데에 주님을 이용한다. 이것이 그들의 기도와 행위의 목적이다. 그러나 그렇게 하는 것은 주님의 의도가 아니다. 주님은 우리가 성공적인 자아를 세우는 것을 원치 않으신다(고전 2:8). 우리가 용납할 수 있는 무언가를 세워 이를 의지하려는 모든 추구야말로 십자가에 못박혀야 한다. 충분히 능력있든지 아니면 사랑스런 무언가를 세우기만 하면 우리 자신에 대해 만족해하고 우리 속에 숨겨있는 부패함을 이겨보려는 추구는 잊을 수 있다는 듯이 자신을 세우려고 계속 노력하는 이유는, 실상 자기 자신을 있는 모습 그대로 용납하길 회피하려하기 때문에 일어나는 것이다. 그러나 단순하고도 기쁜 소식은 이런 추구가 이미 끝났다는 것이다. 우리는 이미 우리가 있는 그 자리에서 우리 모습 그대로 용납되었다. 주님의 사랑은 무조건적이다. 그 분이 우리를 지으실 것이다.

주님은 우리가 자신을 있는 모습 즉 부패하고 변화되지 않은 모습 그대로 용납하길 원하시며, 또 우리가 주님으로 하여금 그분의 성령을 통해 우리 안에 그분의 선하심과 의로우심을 나타내시도록 허용하길 원하신다. "사람에게는 버린 바가 되었으나 하나님께는 택하심을 입은 보배로운 산 돌이신 예수께 나아가 너희도 산 돌 같이 신령한 집으로 세워지고 예수 그리스도로 말미암아 하나님이 기쁘게 받으실 신령한 제사를 드릴 거룩한 제사장이 될지니라"(벧전 2:4-5). "네 자신을 세우라"고 하지 않고 '세워지고'라는 수동형을 사용한 것에 주의하라. 우리는 세워지는 것이 아니라, 죽으라고 부름받았다.

> 그러므로 형제들아 내가 하나님의 모든 자비하심으로 너희를 권하노니 너희 몸을 하나님이 기뻐하시는 거룩한 산 제물로 드리라 이는 너희가 드릴 영적 예배니라 너희는 이 세대를 본받지 말고 오직 마음을 새롭게 함으로 변화를 받아 하나님의 선하시고 기뻐하시고 온전하신 뜻이 무엇인지 분별하도록 하라 롬 12:1-2

> 또 무리에게 이르시되 아무든지 나를 따라오려거든 자기를 부인하고 날마다 제 십자가를 지고 나를 따를 것이니라 눅 9:23

> 내가 그리스도와 함께 십자가에 못 박혔나니 그런즉 이제는 내가 사는 것이 아니요 오직 내 안에 그리스도께서 사시는 것이라 이제 내가 육체 가운데 사는 것은 나를 사랑하사 나를 위하여 자기 자신을 버리신 하나님의 아

들을 믿는 믿음 안에서 사는 것이라 갈 2:20

그리스도 예수의 사람들은 육체와 함께 그 정욕과 탐심을 십자가에 못 박았느니라 갈 5:24

비극적인 것은 너무나 많은 크리스천들이 여전히 주님 안에서 안식하기보다는 자신을 세우려고 한다는 점이다. 성화는 우리가 주님 안에서 안식하게 되는 과정이다. 성화는 매일 죽고 거듭나는 것이다. 성화란 하나님의 아들들이 성숙하게 되는 과정인데, 이는 각자가 개인적으로 그리스도의 십자가를 짊어질 때 오직 성령으로만 이루어진다! 성화의 종국적 결과는 새로운 사람이 되는 것 뿐 아니라 깨끗한 사람이 되는 것이다. "큰 집에는 금 그릇과 은 그릇 뿐 아니라 나무 그릇과 질그릇도 있어 귀하게 쓰는 것도 있고 천하게 쓰는 것도 있나니 그러므로 누구든지 이런 것에서 자기를 깨끗하게 하면 귀히 쓰는 그릇이 되어 거룩하고 주인의 쓰심에 합당하며 모든 선한 일에 준비함이 되리라"(딤후 2:20-21).

타락 이전에는 성화와 성숙하게 됨이 동일한 개념이었고, 예수님께서 "지혜와 키가 자라가며 하나님과 사람에게 더욱 사랑스러워"(눅 2:52) 가셨듯이, 겸손 안에 꾸준하게 자라가 죄 없이 하나님의 거룩한 지혜에 이르는 것이었다. 인간의 타락으로 인해 자자손손(신 5:9) 죽음과 거듭남이 필요하게 되었다.

각 세대에서 하나님의 일은 그분의 아들들이 자라게 하는 것이다. 아담과 하와 이래로 죄는 그대로 죄이지만, 하나님은 항상 마음을 변화시키는 일에 관심을 가지신다. 속사람의 치유는 새로운 것이 아니며, 단지 우리가 이 과정에 새로운 명칭을 붙였을 뿐이다. 새로운 것은 오늘날 하나님께서 그리스도의 몸에 거하는 모든 이들을 이 사역과 성숙에로 부르신다는 사실이다. 성숙은 말씀과 성화로 말미암는다. 성화는 크리스천이 서로 사랑 안에서 진리를 말하기를 배울 때 일어난다(엡 4:15).

변화 Transformation

변화란 우리의 약점이 강점이 되는 죽음과 거듭남의 과정이다. 성화는 변제된(용서받은) 죄의 능력을 극복하지만, 변화는 엉망인 것을 영광으로 바꾸어준다. 속사람의 치유사역이 그렇듯, 변화 역시 소수의 수퍼스타의 일이 아니다. 변화는 계속되는 출생의 산고가 있는 몸 전체의 수고이다. "이 여자가 아이를 배어 해산하게 되매 아파서 애를 쓰며 부르짖더라..." "여자가 아들을 낳으니 이는 장차 철장으로 만국을 다스릴 남자라 그 아이를 하나님 앞과 그 보좌 앞으로 올려가더라"(계 12:2,5, 사 66장도 보라). 변화는 전체 그리스도의 몸의 사역인데, 이는 우리 모두를 신랑을 위해 난상하는 신부로 순비시키기 위함이다.

변화에는 깨어짐이 선행된다. "여호와는 마음이 상한 자를 가까이 하시고 충심으로 통회하는 자를 구원하시는도다"(시 34:18). 여전히 우리 자신의 의로움을 신뢰하는 한 주의 은혜로 주님의 의로우심이 드러날 여지는 거의 없다. 하지만 우리가 우리 죄와 깨어짐을 정확히 인식한 곳에서는, 주님의 생명이 우리 안에서 가장 자유롭게 풀어져 부활의 생명이 된다. 정녕 우리의 "능력이 약한 데서 온전하여짐이라"(고후 12:9).

복음의 기쁜 소식은 사면만을 의미하진 않는데, 사면이란 죄의 기록은 남기면서 죄인의 변화에 대해선 아무 말 않는 것이다. (법적용어로 사면은 죄인이 더 이상 처벌받지 않는다는 것만을 뜻하지만, 용서는 죄의 기록을 말소한다.) 기쁜 소식은 (그리스도 안에서 모든 빚이 갚아져서 남은 빚이 없다는) 칭의를 말하지만, 그것만은 아니다. 또 기쁜 소식은 우리가 그리스도 예수 안에서 죽음의 손아귀로부터 다시 사신 바 되었다는 구속을 말하지만, 그것만은 아니다. 기쁜 소식은 승리의 성취이다! 우리는 공짜로 감옥에서 나왔을 뿐 아니라, GO 지점(역자 주: 모노폴리 보드게임의 한 지점)을 지나 200불의 급료를 받게 되었고, 그 뿐 아니라 우리의 융자가 다 갚아져 집과 호텔에서 다시 세를 받게 되었다!

이는 마치, 1에서 10점까지의 척도에서 볼 때, 영점에서 시작하여 한 때 2점에 다다랐다가 떨어지더라도 은혜로 2점에서 다시 시작하는 것과 같은 것이 아니다. 이는 마치 우리가 2점에서 떨어진 후에, 돌아온 탕자가 반지를 끼고 권위의 옷을 입듯이, 경험을 통해 얻은 것으로 인해 타락하기 전보다 더욱 지혜롭고 부유케 되어, 7점 혹은 그 이상으로 돌아오는 것과 같다! 탕자의 마음이 그의 형보다 아버지의 사랑을 더 잘 알게 되지 않았던가(눅 15:11-32)! 우리의 황무지가 위로만을 얻게 되는 것이 아니다. 우리 개인의 생애 가운데에 있는 모든 광야가 계시록 22:2의 '만국을 치료하기 위한' 생명나무의 한 부분이 된다. 우리의 광야는 다른 이에게 먹을 것을 주는 영광스런 정원으로 변화된다. 단지 되돌아오기만 한 것이 아니라 다른 이를 위해 사역하는 승리의 충만함이야말로 복음이 주는 기쁨이요 변화의 의미이다.

은혜는 결코 우리가 더 지혜로와지기 위해 죄로 달려가야 한다고 말하지 않는다. 오히려 나중의 모습은 복음의 미련한 것으로 죄만큼이나 끔찍하고 후회스러운 최악의 타락에서 최상의 영광으로 바꾸는 하나님의 은혜이다! 누군가 잘 모르고 하나님 말씀에 있지 않은 이런 말을 한 적이 있다. "잊어버리지 않았다면 용서한 것이 아니다"라든지, "이전에 당신이 죄를 지었다는 걸 잊어야 한다"라든지. 우리는 죄를 잊어버리기는커녕, 진정한 감사와 기쁨 가운데 죄를 기억해야 한다. 하나님은 우리 죄를 잊으시나, 우리가 죄를 잊어버리는 것은 지혜롭거나 풍성한 일이 아니다. 타락한 후에 이를 기억한다는 것은 남의 탓하는 것을 정당화할 수 없음을 의미하며, 또한 우리의 '잘못된 인격'과 '잘못된 행위'를 기억해서 다른 사람들이 똑같은 함정과 덫에 걸리지 않도록 돕기 위해 준비됨을 의미한다.

바로 여기에 '변화(Transformation)'라는 단어의 구체적인 의미가 있다. 죽음과 거듭남이란 말은 옛 것은 모두 버릴 것이고 아예 없었던 것이 나오며, 새 피조물은 옛것과는 아무 상관이 없다는 것만을 암시하는 것 같다. 그러나 변화는 "그가 시험을 받아 고난을 당하셨은즉 시험 받는 자들을 능히 도우실 수 있느니라"(히 2:18)라는 말씀에서 나온다. 우리가 이전에 그러하였기에 다른 이를 돌볼 수 있다. 그리스도 안의 새 피조물은 이제 옛 것을 귀히 다룬다. 만약 그렇지 않고 (이에 대해) 그저 몸서리치고만 있다면, 그의 변화는 아직 완전한 것이 아니다. 왜냐하면 옛 것의 실패와 타락 안에서 지혜의 오랜 금이 '흙 도가니에 일곱 번 단련' (시 12:6)되어 형성되어지기 때문이다.

> 찬송하리로다 그는 우리 주 예수 그리스도의 하나님이시요 자비의 아버지시요 모든 위로의 하나님이시며 우리의 모든 환난 중에서 우리를 위로하사 우리로 하여금 하나님께 받는 위로로써 모든 환난 중에 있는 자들을 능히

위로하게 하시는 이시로다 그리스도의 고난이 우리에게 넘친 것 같이 우리가 받는 위로도 그리스도로 말미암아 넘치는도다 우리가 환난 당하는 것도 너희가 위로와 구원을 받게 하려는 것이요 우리가 위로를 받는 것도 너희가 위로를 받게 하려는 것이니 이 위로가 너희 속에 역사하여 우리가 받는 것 같은 고난을 너희도 견디게 하느니라 너희를 위한 우리의 소망이 견고함은 너희가 고난에 참여하는 자가 된 것 같이 위로에도 그러할 줄을 앎이라 고후 1:3-7

지혜는 진주가 생겨나는 것과 같은 방법으로 형성되기 때문에 진주는 지혜의 상징 중 하나이다. 모래알이 자극제가 되면 조개가 그 위에 진주층을 감싼다. 마찬가지로 죄라는 자극제가 십자가에 못박히고나서 예수님의 보혈과 의로 감싸지면, 루비보다 훨씬 더 값진 지혜가 우리 마음에 새겨지게 된다(렘 31:33, 잠 3:15, 8:11).

어떤 이는 기억의 치유를 할 때 옛 것을 없애야 한다고 가르친다. 그러나 치유도 변화도 과거에 있었던 일을 지우지 않는다. 지우는 일은 송축할 일이라기보다 하지 말아야 할 일이다. 변화는 이같이 말한다. "우리가 살면서 죄짓고 구속받는 이유는, 우리가 이전의 모습과 행위의 잿더미로부터 현재의 사역으로 자라가기 때문이다."

변화는 우리 인생의 어떤 것도 낭비되지 않는다고 암시적으로 주장한다. 하나님의 예방적인 차원의 은혜가 매우 완전하기 때문에, 우리 인생에 차라리 일어나지 않는 것이 나은 사건이나, 우리 혼의 구조 중에 도려내야(수술처럼 잘라내야) 할 부분은 없다. 그러므로 변화는, 사탄이 구원받은 자 안에서는 결코 어떤 승리도 할 수 없음을 확인시켜 준다. 왜냐하면, 창조의 기본 계획에서부터 하나님께서 천한 십자가를 최고의 승리로 바꾸시기로 계획하셨듯이, 하나님은 우리의 (겉으로 보기에는) 패배한 인생의 모든 국면을 영광으로 바꾸신다!

변화는, 우리 등에 올라탄 바로 그 도마뱀이 다른 사람을 위한 전쟁을 승리로 이끌어주는 귀한 군마가 될 것이라고 경축해준다 (C.S. Lewis의 〈천국과 지옥의 이혼 The Great Divorce〉). 변화된 알콜 중독 사역자가 알콜 중독자에게 가장 잘 사역한다. 이전에 우울증에 빠졌던 사람은, 그 자신의 광야경험을 통해, 눌려있는 이가 유일하게 먹을 수 있는 만나를 그들에게 어떻게 먹이는 지를 안다. 비판하던 사람은 궁휼을 베푸는 부드러운 마음의 소유자가 된다. 돌 같은 마음은 냉랭한 혼을 녹이는 부드러운 마음이 된다(겔 36:26).

그러므로 변화는 ('치유'를 변화로 이해하지 않는 한) 치유와 동의어가 아니다. '치유'라는 단어는 무언가 고장나서 고쳐야 함을 내포하는 것 같다. 세상에서 형성된 우리의 육신적 생각에서 볼 때 아직도 치유는 '다시 제 기능을 하기 위해 이전의 좋았던 상태로 회복시킨다'라는 의미이다. 마치 좋은 차인데 기능상 문제를 일으키는 몇 가지 눈에 보이지 않는 결함이 있어서 정비사가 발견해서 고치는 것처럼 말이다. 괜찮은 생각이다. 좋은 것은 수리될 필요가 있다. 하지만 이 비유를 인간의 혼에는 적용할 수 없다. 몸에 적용하는 것은 괜찮다. 우리의 몸은 예수의 보혈로 씻음받아(행 10:15) 좋고 깨끗하며, 때론 수선이 필요하다. 상처입은 영역시 이런 종류의 치유가 필요하다. 그러나 우리의 육신적 본성의 어떤 구조도 조각을 대어 수선할 수 없다. 모든 부분이 근절되고 거듭나야 하기 때문이다. 인간의 혼은 이런 관점에서 볼 때 수선할 수 없다. "생베 조각을 낡은 옷에 붙이는 자가 없나니 이는 기운 것이 그 옷을 당기어 해어짐이 더하게 됨이요 새 포도주를 낡은 가죽 부대에 넣지 아니하나니 그렇게 하면 부대가 터져 포도주도 쏟아지고 부대도 버리게 됨이라 새 포도주는 새 부대에 넣어야 둘이 다 보전되느니라"(마 9:16-17). 속사람은 선하지 않고 회복되어야 한다. "내 속 곧 내 육신에 선한 것이 거하지 아니하는 줄을 아노니 원함은 내게 있으나 선을 행하는 것은 없노라"(롬 7:18).

예수님을 주님과 구주로 처음 영접할 때, 우리는 죽고 신분적으로는 모든 부분에서 온전해졌다. "그가 거룩하게 된 자들을 한 번의 제사로 영원히 온전하게 하셨느니라"(히 10:14). 아브라함이 가나안에 처음 들어갔을 때 그 땅을 얻었지만(창 15:7-21), 이스라엘 백성이 이미 그들의 소유였던 땅을 실제로 소유하기까지는 수세기가 걸렸고 그 사이에 고난과 투옥, 출애굽, 시험과 광야생활, 정복의 시간이 필요했다. 마찬가지로 우리의 전존재는 회심하는 순간에 죽음의 강타를 맞는다. 이 내면의 구원이 우리의 삶에서 모두 다 명백해져야 한다(빌 2:12). 그러나 우리의 모든 자아는 죽음과 거듭남을 항상 알고 있지 않고 준비하고 있지 않다! 상식적으로 볼 때도, 우리는 그냥 한순간에 모든 것이 완전히 변화되는 것을 견디지 못한다. 주님은 우리 생각 안에 그 분의 율법을 두고 우리 마음에 율법을 쓰시려고 하신다(렘 31:33, 히 8:10). 그렇게 쓰는 일은 한동안은 고통스럽다(벧전 5:6-10). 이는 진행이 느린 과정인데, 왜냐하면 "대저 경계에 경계를 더하며 경계에 경계를 더하며 교훈에 교훈을 더하며 교훈에 교훈을 더하되 여기서도 조금, 저기서도 조금 하는구나 하는도다"(사 28:10) 하기 때문이다. 바로 이 진행과정이 느리기때문에 교회가 존재해야 하며, 이것이 교회 내에 상담사역이 존재하는 이유이기도하다. 우리가 부모님 없이 자연적으로 태어나 혼자 힘으로 자랄 수 없듯이, 영적으로도 마찬가지여서 우리는 그리스도의 몸의 사역 없이는 죽음과 거듭남을 체험할 수 없다. 그리스도의 몸은 실수할 수도 있지만, 그리스도께서는 바로 그 실수를 이용해 우리 마음에 교훈을 새겨 주신다. 그리고 그 분은 실패하지 않으신다.

본서는 교회가 할 사역을 알리기 위해 쓰여졌다. 하나님께서는 교회를 통해 우리의 본성을 변화시키기 위해 우리를 교회 안에 두신다.

> 이는 성도를 온전하게 하며 봉사의 일을 하게 하며 그리스도의 몸을 세우려 하심이라 우리가 다 하나님의 아들을 믿는 것과 아는 일에 하나가 되어 온전한 사람을 이루어 그리스도의 장성한 분량이 충만한 데까지 이르리니 이는 우리가 이제부터 어린 아이가 되지 아니하여 사람의 속임수와 간사한 유혹에 빠져 온갖 교훈의 풍조에 밀려 요동하지 않게 하려 함이라 오직 사랑 안에서 참된 것을 하여 범사에 그에게까지 자랄지라 그는 머리니 곧 그리스도라 그에게서 온 몸이 각 마디를 통하여 도움을 받음으로 연결되고 결합되어 각 지체의 분량대로 역사하여 그 몸을 자라게 하며 사랑 안에서 스스로 세우느니라 엡 4:12-16

제 2 장 변화의 복음적 토대
The Evangelical Base of Transformation

제1부 신자의 믿지 않는 마음

하나님의 인간과의 문제는 인간의 의식적인 생각을 납득시키는 데에만 있지 않다. 만일 그렇다면 하나님은 목양하는 목사나 교회보다는 변론에 능한 논쟁가나 명석한 변증가만을 일으키시면 됐으리라. "사람이 마음으로 믿어 의에 이르고 입으로 시인하여 구원에 이르느니라"(롬 10:10). 내가 보기에는 사람들이 이 본문을 "사람이 생각으로 믿게 되고 입으로 시인하여…"라고 잘못 생각하여 해석하는 일이 빈번한 것 같다. 마음 속 깊은 곳에서 우러나는 확신과 단순한 지적 동의를 혼동하여, 지적 동의로 구원이 이뤄진다고 생각하기 쉽다. 누군가의 회심 경험이 무효라고 하는 것은 아니지만, 가야할 만큼 충분히 가지 않은 것이다. 우리는 너무 쉽게 완성을 확신해 버린다.

그 정도가 어떻건 간에, 마음으로 믿어 생각에 이해의 문이 열리고 영에 확신의 수문이 열려, 예수님을 영접하는 죄인의 기도를 드리는 순간

> 형제들아 너희는 삼가 혹 너희 중에 누가 믿지 아니하는 악한 마음을 품고 살아 계신 하나님에게서 떨어질까 조심할 것이요 히 3:12

우리는 구속된다. 이는 영원히 성취된 사실이다. 그 순간 우리는 의롭게 되며, 이는 우리나 주님이나 다시 반복할 필요가 없다. 죄가 어린 양의 피로 씻겨졌다. 운명이 지옥에서 천국으로 바뀌었다. 우리는 단 한번 영원하고 온전하게 '구원' 받는다.

그러나 회심의 경험이 구원의 전부는 아니다. 크리스천은 '구원'이라는 말을 매우 부정확하게 사용한다. 구원은 칭의나 구속, 거듭남이나 천국에 가는 것, 혹은 이 모든 말을 다 합친 것보다 훨씬 더 광범위한 말이다. 구속과 칭의는 구원에 이르는 과정의 입문과 같다(벧전 2장). 거듭남도 마찬가지이다. 천국에 가는 것은 그 결과물이다. 이 사이에 있는 모든 것을 아우르는 성화와 변화의 과정이 구원의 주요한 부분이다. 성화와 변화는 어원상, '온전케 되다', '치유받았다' 라는 뜻이다.

"형제여, 당신은 구원받았나요?"라는 질문은 '구속받음', '의롭게 됨', '거듭남,' 천국에 가는 것 '에 관해 묻는 것이다. 물론 좋은 질문이다. 아마 이보다 더 좋은 용어는 없을 것이다. 그러나 이런 질문은 혼동을 가져온다. 만약 우리가 "주님이 당신을 붙들고 값을 치루며 당신의 얼굴을 천국에 향하게 하셨나요?"를 의미한다면, 모든 거듭난 크리스천들은 자격없지만 "그래요, 난 구원받았고, 천국에 갈 것입니다"라고 대답해야 한다. 그러나 이생에서 구원받고 있는 과정에 관한 것이라면 다 이루었다라고 답할 수 있는 사람은 아무도 없다. 각자는 "나는 구원받았고 매일 구원받고 있습니다."라고 답해야 한다.

비록 모든 신자들이 과정 중에 있지만, 앞서 말한 바와 같이 신분적으로는 이미 완벽해졌고(히 10:14), 이미 일어나 주님과 함께 하늘에 앉았으며(엡 2:6), '다 이루었다'(요 19:30)라는 것을 믿음으로 안다는 사실로 인해, 이 질문이 더 혼란스럽다. 아마도 우리는, 실제로는 단지 '회심했다'를 의미하는 것임에도, 계속 '구원받음'이나 '구원'이라는 용어를 사용해야 할 것이다. 그러나 이 글의 목적(성화와 변화의 과정과 우리의 역할을 알리는 것)을 위해 우리가 살펴볼 마음의 더 깊은 회심이, 결코 처음 회심이 무의미하거나 천국에 들어가기에 불충분함을 의미한다고 생각되어선 안된다. 한편, 아무리 회심경험이 극적이고 확실했다 해도 이제 과정을 시작했을 뿐인데, 마치 과정을 단 한번에 끝냈다는 듯이 '성소를 세워' 버릴 때, 우리는 풍성한 삶이나 앞으로의 구원에 해를 끼칠 위험이 있다. 마음은 깊은 내면에서 매일 새롭게 회심할 필요가 있으며, 그렇지 않으면 예수님 안에서 자라지 못한다. 그리스도 안의 성장에 대한 주요 정의는 이것이다. 지속적인 내면의 회심을 통해 더 깊이 죽고 거듭나는 것.

"이미 회심했는데도 새로이 회심할 필요가 있다고 주장하는 것은 너무 혼동스럽지 않나요?"라고 질문할 사람이 있을지 모르겠다. 물론 혼동을 줄 수도 있겠지만 달리 더 잘 표현할 길이 있는지 모르겠다.

　신자에게 회심하지 않은 마음이 있다는 사실로 인해 크리스천 상담자로의 부르심이 중요하다. 크리스챤 상담자는 가르칠 수 있지만, 일차적으로 교사는 아니다. 세속적 가르침에서는 기본적으로 식자(識者)가 식자에게 지식을 전수한다. 크리스천에게 크리스천이 가르치는 것은, 이미 놓여진 기초(롬 15:20, 고전 3:14) 위에 지식과 성품의 구조를 세우는 일이다. 그러나 마음이 사실상 거듭나지 않은 신자의 숨은 영역에는 이런 가르침을 줄 수 없는데, 왜냐하면 마음과 생각이 가르침을 받지도, 삶에 적용하지도 못하기 때문이다. 크리스천 상담자는 일차적으로 기초를 놓는 인도자나 영적인 지도자가 아니다. 성경은 "무지한 마음이 있지 않도록 돌아보라"라고 말하지 않는다. 대신 '믿지 않는 마음'이 있는지를 주의하라고 한다. 불신에 대한 하나님의 대답은, 가르침이나 지도가 아니라 회개와 회심하도록 믿음을 설교하라는 것이다. 따라서 하나님은 크리스천 상담자를 통하여 죄악의 마음이 깨달아 새롭게 회심하도록 역사하신다. 상담자는 먼저 마음을 '갈아엎고' 자기 의의 완고한 흙덩어리를 깨뜨리고 마음과 생각의 옛 잡초를 뽑고 원수가 뿌린 씨를 근절하는 등 믿음의 씨앗을 위해 마음을 준비함으로, 이 씨앗이 60배, 100배의 결실을 맺도록 해야 한다(마 13:3-8).

　우리가 사용할 수 있는 또 다른 상징은, 하나님이 크리스천 상담자를 부르시는 목적이 나무뿌리에 도끼를 대도록 하기 위해서라는 것이다(마 3:10). 이는 눈에 보이는 그루터기가 아닌 보이지 않는 근원을 베는 것을 의미한다. 가르치거나 지시하는 것은 세우는 일이다. 상담자도 나중에 이런 일을 할 수 있다. 회심은 믿음, 회개, 죽음, 거듭남을 통해 십자가의 죽음으로 가져간다는 뜻이다. "혼과 영과 및 관절과 골수를 찔러 쪼개기까지 하며 또 마음의 생각과 뜻을 감찰"(히 4:12b)하는 작업은 진리의 검의 몫이다. 의식적인 생각이 아니라 '마음의 생각과 뜻'이라고 한 것에 주의하라. 그러므로 크리스천 상담자의 주요한 과업은 복음증거자처럼, 상황과 상담을 통해 이미 신자인 내담자의 믿지 않는 마음에 복음을 전하는 일이다. 크리스천 상담자가 하는 지속적이고 부단한 사역이 신자의 믿지 않는 마음에 복음을 전하는 일이며, 사실 복음전도는 모든 성화와 변화의 주요한 방법이다.

미국의 1,2차 대각성 시기에 많은 복음전도자들이 일어났고, 뉴잉글랜드의 회중교회의 수천명의 사람이 회심하였다. 회심한 사람이 "그 다음 단계는 뭐죠?"라고 물으며 "우리는 성장해야 해요"라고 말하기 시작했다. 크리스천 교육계에서 이들의 개척적 노력의 결과로 주일학교, 공립학교를 비롯하여 하바드, 예일, 다트머스, 오벌린, 양톤, 드루리 등 수많은 훌륭한 대학들이 설립되었다. 그러나 회중교회주의자들에게는 마음이 지속적으로 회심해야 한다는 인식은 없었다. 얼마 후에는 (존이 속했던) 교단이 회심의 필요성에 대한 안목을 완전히 상실했다. 다른 복음전도자들이 등장하여 회개와 거듭남을 부르짖었다. 이들의 설교에 응답한 많은 이들은 성숙에 대한 부르심에 대해 전혀 들어보질 못했거나, 회중교회주의자들처럼 성숙하려고 애쓰기는 해도 속사람의 지속적인 죽음과 거듭남이라는 핵심적인 요소를 놓쳤다.

따라서 역사적으로 미국에서 성화가 의미하는 바는, 소위 깨끗케 된 마음을 바탕으로 율법에 따라 살려고 애쓰는 일이 되어버렸다. 이렇게 애쓰다 보면 예수님의 온유한 성품보다는 종종 비판주의와 위선에 이르게 된다. 이는 바리새주의, 즉 '청교도주의'로 가는 것인데, 오늘날 아직도 많은 미국인들이 이에 거부감을 갖고 있다. 그런데 비극 중 하나는 우리 마음이 그만큼 깨끗해본 적이 없다는 사실이다. 우리의 영은 회심의 순간 깨끗하게 씻기운다(비록 이후에도 거듭 깨끗해질 필요가 있지만). 우리의 양심 역시 뿌려 적심을 받는다(히 9:14). 그러나 아직 모든 마음이 그것에 동의하거나 깨끗해지진 않았다. 그렇지 않다면 왜 시편기자가 "내 안에 있는 모든 것들아, 그의 거룩한 이름을 송축하라"(시 103:1, 흠정)라고 외쳤겠는가? 분명 시편기자의 속의 어떤 부분은 주님을 송축하지 않았으며, 그렇지 않았다면 그의 외침은 불필요한 말이 되었을 것이다. 이는 크리스천에게도 해당된다.

뿌리에 도끼를 대어 신자의 믿지 않는 마음을 회심하게 하는 일이 상담자의 책무에 불과한 것이 아니다. 역사적으로 볼 때 모든 교회의 성숙이 바로 이 한가지 결여된 요소에 달렸다. 기초를 놓는 것이 불완전하기 때문에 아무것도 견고하게 서을 수 없었다. 대부분 크리스천의 내면 가운데 예수님이 주인으로 확고하게 자리 잡고 계시지 못한다. 교리적으로나 복음적으로 매우 건전하고 심지어는 성령 충만한 교회에서 – 심지어 지도자들에게서도 – 여전히 죄가 난무한 것은 주님께 깊은 상처를 주는 일임이 틀림없다! 자명한 죄가 그 머리를 들고 있지 않은 곳일지라도 성령의 열매가 거의 보이지 않는다면, 혹은 열매가 있더라도 싸움과 불일치가 그치지 않는 교회라면, 이성의 영역에서는 사역이 끝났다 해도, 마음(악이 나오는)의 영역은 여전히 '희어져 추수하기에 이른' 밭으로 남아 있고 거의 한번도 다룸을 받지 못했다.

강단 설교를 하면 성령의 검이 역사하기에 하나님의 말씀이 마음을 찌르게 된다. 그러나 그 말씀을 가장 필요로 하는 사람이 그 자리에 없거나, 있다할지라도 잘 듣고 있지 않는 일이 얼마나 빈번한지 우리는 알고 있다. 그렇기에 모든 교회가 선포된 말씀을 상담 가운데 서로에게 적용할 필요가 있고 그렇게 해야 한다. 일대일로 두 명의 마음과 생각이 상호 작용하는 것이 하나님 말씀의 확장인 '설교'의 가장 효과적인 모델이다. 모든 교인은 어느 정도 훈련을 받아 상담자가 되어야 하며, 주된 역할은 마음의 영역의 여기 조금, 저기 조금 하는 식으로 영역을 바꿔가며, 또는 그 영역들을 점점 더 넓혀가며 새롭게 회심하도록 하는 것이다. 그래서 시편기자가 이루어진 사실처럼, "내 혼아, 주를 송축하라. 내 안에 있는 모든 것들아, 그의 거룩한 이름을 송축하라"(시 103:1, 흠정)라고 할 때까지 그렇게 해야 한다.

주님께서 우리 내부의 '땅'을 차지하실 수 있도록 하는 것이 상담자의 일이다. 상담자의 무기는 하나님의 말씀이지 심리학적 명민함이나 분석이 아니다.

상담자의 방법은 함께 기도하며 상대방이 육에 대항한 싸움을 감당하고 매일 내적인 죽음과 거듭남에 뛰어드는 것을 자신의 기쁨으로 여길 때까지 회심하게 하는 것이다.

제2부 우리는 어떻게 하나님을 보는가

마음이 청결한 자는 복이 있나니 그들이 하나님을 볼 것임이요(마 5:8)

'마음이 청결한'에 주목해 보라. 나(존)는 예수님을 영접하였으므로 내가 언젠가는 (아마도 내가 죽을 때에) 성부 하나님을 보는 것이 허락되고 그 시간이 오는 것을 두려워하지 않을 것이라 생각하곤 했다. 물론 이것이 사실이지만, 주님을 '본다' 라는 것은 그 분을 물리적으로 본다기보다는 그 분의 본성을 알고 이해하는 것이라고 주님이 알려 주셨다. 우리가 대화 중에 "예, 알았어요(I see)"라고 말하는 것은 "내가 이해했다"라고 말하는 것이다. 마음이 청결케 된 자가 하나님이 실제로 어떤 분인지를 이해하고 받아들이게 된다고 예수님이 말씀하신 것이다. 이에서 유추할 수 있는 것은 우리의 마음이 깨끗하지 않기 때문에, 우리가 하나님의 동기나 방법이 아닌 것을 하나님 탓으로 돌린다는 점이다. 우리는 하나님을 보는 것이 아니라 하나님에게 우리가 투사한 것을 본다.

"우리가 사랑함은 그가 먼저 우리를 사랑하셨음이라 누구든지 '하나님을 사랑하노라' 하고 그 형제를 미워하면 이는 거짓말하는 자니 보는 바 그 형제를 사랑하지 아니하는 자는 보지 못하는 바 하나님을 사랑할 수 없느니라. 우리가 이 계명을 주께 받았나니 하나님을 사랑하는 자는 또한 그 형제를 사랑할지니라"(요일 4:19-21). 이 본문에서 불순함은 미움을 뜻함을 알 수 있다. 미움은 눈을 가린다. 나아가 동료를 미워하면 하나님을 바라보는 것에 영향을 받는다. 즉, 하나님이 어떤 분인지가 가리워져 하나님을 보지 못하고 사랑하지 못한다. 마음에 지속적인 회개가 필요한 중요한 이유 중 하나가 이것이다. 숨어있는 잊혀진 판단, 특별히 부모에 대한 판단은 하나님을 있는 모습 그대로 보는 것을 방해한다.

"자기의 아비나 어미를 저주하는 자는 그 등불이 유암 중에 꺼짐을 당하리라"(잠 20:20). 우리는 이 구절을 20-20 비전 구절이라 부른다. 통상 오랫동안 잊었던 아동기의 부모에 대한 판단은 우리의 영안을 어둡게 한다. 우리는 우리 자신과 타인, 인생, 하나님을 20-20 비전으로는 볼 수 없다. "사람의 영혼은 여호와의 등불이라 사람의 깊은 속을 살피느니라"(잠 20:27). 우리의 등불은 판단을 해서 우리의 영이 어두워진 영역만큼, 우리 자신과 타인의 숨은 길을 분별할 수 없다.

사람들은 여러 차례 우리에게 와서 이렇게 말한다. "내게 사랑의 하나님에 대해 말하지 마십시오. 하나님은 전쟁을 멈추시든지, 아님 최소한 인간이 다른 사람에게 하는, 그것도 때로는 종교의 이름으로 자행하는 만행을 왜 막지 않으시는 겁니까? 도대체 관심이나 있으신 겁니까?" 우리 모두는 이런 종류의 말을 듣는다. 상담자로서 폴라와 나는 결코 하나님을 변호하려 들지 않는다. 신학적 논쟁을 피한다(딤전 6:20). 우리는 그 대답이 이성적인 것이 아니라 불순한 마음의 문제임을 알기에 단지 이렇게 되묻는다. "당신 아버님은 어떤 분이셨죠?" 그러면 항상 우리는 내담자가 하나님 탓을 하는 내용들-잔인함, 무감각, 유기, 비판 등-과 비슷한 내용의 개인사를 듣게 된다. 생각으로는 주일학교에서 "하나님이 세상을 이처럼 사랑하사 독생자를 주셨으니..."(요 3:16)의 사랑과 온유의 하나님을 배웠을지라도, 마음은 육신의 아버지에 대한 반응으로 상처받아 형성되었고, 이를 하나님께 투사한다. 사실 이러한 사람들은 자신의 육신의 아버지를 용서하기 전까지는 하나님을 온유하고 친절하며 그들과 사랑으로 함께하는 하나님으로 보지 못한다.

우리 교회(1967-1973년 아이다호주의 왈라스 시에 있는 그리스도 연합교회, 회중교회파)에서 내적치유를 가르칠 때 우리는 평신도와 팀을 이루어 사역했다. 그들이 상담을 하고 상담과 기도 가운데 그룹을 인도했다. 죠니라는 우리 팀의 가장 훌륭한 복음전도자가 된 아름다운 자매가 그 중 한 사람이었다. 누군가 견고한 첫 회심의 경험이 필요하면, 우리는 그 사람을 죠니에게 보냈다. 그러면 그 사람은 구원이 값없이 주어지는 선물임을 믿고, 자신의 죄가 씻겨졌음을 알며, 자신이 새로 거듭났고 예수님이 자신의 마음에 살아계심을 확신하며 돌아왔다. 그럼에도 불구하고 죠니에게 문제가 있을 때마다 상담을 하면 그녀는 이렇게 말하곤 했다. "그래요, 내가 바르게 하지 않으면 하나님은 날 사랑하지 않으실 거예요!" 그녀의 생각으로는 무조건적인 하나님의 사랑을 완전히 확신하고 이것을 다른 사람에게 설교하기까지 했으나, 마음에서는 이를 믿지 못했던 것이다. 죠니는 위선자가 아니었다. 자신도 몰랐던 것은 아버지를 용서하지 않았다는 사실이었다.

죠니의 아버지는 자신의 요구 수준에 딸이 부응하지 못하면 그녀를 사랑할 수도 없고 사랑하지도 않을 것이라는 메시지를 거듭해서 딸에게 전했었다. 우리의 성령충만한 복음전도자 죠니는, 주께서 통찰과 기도를 통해 그녀 안의 내면의 아이가 용서하고 용서받을 수 있음을 보여주시기 전까지, 믿지 않는 불순한 마음을 가졌다.

그녀의 마음이 이 딱딱하고 완고한 영역에서 거듭나지 않은 상태로 남아있었다. 하지만 이 영역에서 거듭난 후 죠니는 자신이 실패하더라도 하나님께서 자신을 사랑하실 수 있고 사랑하실 것임을 믿을 수 있게 되었다. 이 일이 있기 전까지 죠니는 하나님을 볼 수 없는, 회심하지 않은 복음전도자였다.

폴라의 아버지는 친절하고 강하며 재치있고 민감한 성품의 훌륭한 분이시다. 그러나 그 분은 한 번에 이삼주씩 여행하며 돌아다니는 세일즈맨이셨다. 이 작은 소녀의 생각에선 "난 아빠를 사랑하고 자랑스러워해. 아빠는 우리를 위해 일하시는거야."라고 하지만 숨겨진 마음은 그렇게 관대하지 않았다. "왜 아빠는 항상 나와 함께 하시지 않는걸까? 왜 아빠에겐 모든 일이 나보다 더 중요한 거야?" 그녀의 마음은 화가나 결심한다. "난 내 자신을 위해서 모든 일을 해야해. 이 곳에서 날 지켜줄 사람은 아무도 없어." 폴라는 열 한살에 예수님을 영접했고 이후 하나님은 하늘에 계신 사랑의 아버지이심을 알았다(아마 육신의 아버지가 그런 분이셨기에 폴라에겐 이것이 쉬웠을 것이다). 그러나 그녀의 마음 한 부분에 원통함이 몰래 자리하여 하나님은 하루 24시간, 일년 365일 내내 함께 하시는 분임을 믿을 수 없었다. 폴라의 아버지는 주말에는 집에 돌아와 가족과 함께 교회에 가셨기에, 폴라는 특별히 예배의 친교 가운데에서는 하나님과의 친밀함을 느낄 수 있었다. 하지만 그녀의 생각이 시편 91편과 121편을 붙잡고 있어도 주중에는 하나님이 함께 계신다는 것을 실제로 느낄 수 없었다. 주말에만 만나는 아버지에 대한 숨은 죄악의 반응으로 인해 그녀의 하나님은 '주말 하나님'이 되었다. 마침내 폴라는 한 번도 자신의 아버지에 대해 원통함을 가지거나 느끼지 않았음에도 불구하고 나의 주장 때문에 거기 무언가가 있다는데 모험을 걸었고(고전 4:4), 믿음으로만 회개했다. 하나님께서는 그녀의 정신적 태도의 많은 부분에서, 특별히 나에 대한 태도에 있어 즉각적인 변화를 허락하심으로 응답하셨다. 그리고 하나님께서 폴라의 마음에 그녀를 보호하시는 하나님의 능력을 아주 극적인 방법으로 새겨 주셨다. 그러나 이에 대한 이야기는 폴라가 직접 얘기하는 것이 좋겠다.

존과 나는 한 크리스천 상담자 그룹에서 사역하기 위해 와싱턴주 시애틀로 가는 길이었다. 날은 화창했고 나는 새 차의 운전대를 잡고 있었다. 나는, 존이 졸릴 때 조차도 운전석을 내게 내주는 것을 주저하는 것에 매우 비판적일 때가 많았다. 하지만 그 날 존은 경이로울만한 은혜와 믿음을 갖고 운전석을 양보했다. 크루즈 컨트롤을 시속 55마일에 맞췄고 라디오에서는 잔잔한 음악이 흘러나왔다. 존은 졸기 시작했고 나는 고속도로 서쪽을 향해가며 편안하고도 자신감을 가졌다.

그 다음 순간 내가 아는 일은 존이 내 갈비뼈 있는 데를 팔꿈치로 밀어 내가 깨어난 것이다. 왼쪽 창문을 내다보니 창 윗부분과 도로가 같은 높이에 있지 않는가! 우측을 바라보니 가까이에 비이투 성이의 인딕시면 외에는 보이는 것이 없었다. 눈 앞에는 자갈로 꽉찬 도랑이 보였고, 우리 차가 이 도랑을 지나는 중이었다! 하지만 그 순간 내 모든 의식과 반응은 너무나도 고요하고 믿을 수 없으리만치 느렸다. 초조함도 공포도 없었다. 단지 깊은 침묵뿐이었다.

"도로를 벗어나 깊은 도랑에 빠졌구나"라고 생각했다. 길의 앞쪽에 약간 떨어진 2개의 기둥을 볼 수 있었다. 하나는 가로등이었고 다른 하나는 도로 표지판이었다. "저 기둥에 이르기 전에 도로로 다시 돌아가면 이 비포장 자갈길에서 진복 될 위험이 있어. 브레이크를 살짝 살짝 밟으며 기둥 사이로 향하다보면 도로로 올라갈 거야" 이렇게 생각하며 그대로 행동했다.

기둥 사이로 가까스로 빠져나와(남편은 우리가 통과하기에 기둥 사이가 충분히 넓지 않았다고 말했다) 도로로 올라왔을 때, 나는 '브레이크'를 두드리듯 밟는 것을 멈추었다. 그런데 차는 크루즈 컨트롤로 맞추어둔 시속 55마일로 되돌아가고 있는 것이 아닌가. 내가 밟았던 것은 브레이크가 아니라 액셀레이터였다!

남편 존이 나를 바라보며 조용히 말했다. "겸손케하는 경험이었지 않소?"

여행을 계속하면서 마치 깊은 곳에서 거품이 이는 샘 마냥 이런 말들이 내 안에서 올라오기 시작했다. "그 분이 날 사랑하셔. 하나님이 날 사랑하셔. 정말 날 사랑하셔!" 난 이것을 항상 내 생각 속에서, 그리고 어느 정도는 마음으로도 알았었다. 하지만 이 새로운 앎에는 하나님께서 내 삶의 보좌에 앉아계심을 확신하는 새로운 차원이 포함되게 되었다. 나는 운전석에서 잠이 들어 통제할 수 없는 상황이었는데, 하나님께서 내 대신 깨어 보호하고 인도해서 내 실수로 일어난 결과로부터 나를 구원해 주셨다! 오늘날까지 우리는 차가 어떻게 바위투성이인 언덕사면으로 곤두박질치지 않았는지를 이해하지 못한다. 차가 어찌어찌하여 혼자 돌아섰든지 아니면 하나님께서 돌리신 것이다. 내가 아직 자고 있는 동안에 가장 큰 구출의 기적이 일어났다!

주말 세미나를 마치고 집에 돌아올 때 친구 마리안 스틸키에게서 전화가 왔다.

"지난 목요일 아침 10시경에 뭘 하고 있었어요? 타자를 치고 있는데 갑자기 주님이 당신을 위해 기도하라고 부르시더라구요. 그래서 10-15분간 열심히 기도했어요!" 그 시각은 우리가 자갈 도랑에 빠졌던 바로 그 때였다. 나는 주님께서 우리의 곤경을 아셨을 뿐 아니라 공간을 초월

하여 완전히 무력한 나를 위해 다른 사람을 기도로 부르셨음을 알았다.

그 날 이후 내 '주말 하나님'은 점차 더 현존하시며 단 한 순간도 떠나지 않으시는 내주하시는 하나님이 되었다.

> 여호와여 주께서 나를 살펴 보셨으므로 나를 아시나이다
> 주께서 내가 앉고 일어섬을 아시고
> 멀리서도 나의 생각을 밝히 아시오며
> 나의 모든 길과 내가 눕는 것을 살펴보셨으므로
> 나의 모든 행위를 익히 아시오니…
>
> 내가 주의 영을 떠나 어디로 가며 주의 앞에서 어디로 피하리이까…
>
> 내가 새벽 날개를 치며 바다 끝에 가서 거주할지라도
> 거기서도 주의 손이 나를 인도하시며
> 주의 오른손이 나를 붙드시리이다 시 139:1-10

이 사건이 발생하기 전까지 나는 믿지 않는 마음을 가졌다. 나는 하나님께서 나를 위해 거기 계심을 믿을 수가 없었다. 온 나라를 돌면서 주님의 신실함을 다른 사람에게 가르쳤던 내가 말이다!

나(존)의 아버지도 점잖고 친절하셨지만 대부분의 시간을 세일즈맨으로 돌아다니셨다. 1979년 여름 나는 불신앙의 생각들이 왜 이리도 자주 내 마음에 떠오르는지 의아해하였다. 공항이나 혼잡한 고속도로를 운전하는 중에 나는 혼자 이렇게 생각했었다. "어떻게 하나님께서 이 모든

사람들의 생활 구석구석에 관심을 가지실 수 있단 말인가?" 또는 "어떻게 하나님께서 실제로 이 수많은 사람들 모두에게서 떨어지는 머리카락을 세실 수 있단 말이지?"(마 10:30, 눅 12:7) 내 생각은 이렇게 고집했다. "이건 순전히 논리적인 문제야. 어쨌든 물어볼만한 적당한 질문이지." 하지만 나의 영은 편하지 않았다. 무언가 다른 일이 연루되어 있음을 알았다. 마침내 주님께 여쭤보기로 마음먹었다. 주님의 대답은 즉각적이었다. "네 아버지는 네가 무얼 하는지 돌아볼 시간이 별로 없었지." 이 말씀은 내 내면의 판단을 드러내 주었다! 아버지는 나를 보거나 칭찬하거나 지지하거나 돌봐주지 않으셨다. 아버지가 집에 계실 때 그렇게 하셨지만 그것은 상관없었다. 내 쓴뿌리는 아버지가 항상 함께 계시지 않았다는 이유로 자라났다. 따라서 하나님도 나를 위해 항상 계시지 않을 것이다. 그리고 나는 하나님을 위해 매우 열심히 일하고 있지 않은가! 그제야 그런 생각들이, 특히 폴라와 내가 주님을 섬기느라 바쁠 때마다 내 머리에 성가시게 떠올랐음을 알게 되었다. 소년이 아무리 열심히 일해도 별 관심을 받지 못하여 상처받았고, 그래서 성인이 되어서 하나님도 나를 그렇게 취급하시리라 무의식적으로 예상한 것이다. 그런 종류의 투정부리는 화가 있다는 것을 인정하는 것은 별로 자화자찬할 만하거나 멋진 일이 아니었기에, 분노가 표출되는 통로는 그럴듯하고 명료한 논리로 가장한 성가신 궁금증이었다. 마음은 믿을 수 없었다. 하나님은 너무 바쁜 분이셔서 나와 함께 하지 않고 다른 곳에 계셨다. 하나님의 계시로 인해 회개하기 쉬웠고 즐거웠다. 그 결과 나는 이전에 가졌던 성가신 의혹을 더 이상 갖지 않게 되었다. 이제 나는 하나님이 나를 보시며 그 분을 향한 나의 섬김을 인정하신다는 사실을 단지 믿을 뿐 아니라, 확실히 알고 느낀다. 이제는 영으로 뿐 아니라 마음으로도 주님과의 간헐적인 교제가 아닌 영속적인 교제를 갖고 있다(요일 1:3).

우리 중 얼마나 많은 사람이 부모님께 어떤 일로 찾아갔는데, 부모님께서는 "알았다"고 말씀하시고 잊어버리지 않으셨나? 혹은 아빠에게 집에 일찍 와서 영화나 구기경기 또는 다른 곳에 데려가 달라고 졸라서 아빠가 약속하지만 지키지 않는 일은? 아니면 무언가(자전거, 낚시도구, 새 코트..)를 사준다고 약속해서 기다리고 기다렸는데 한번도 받지 못하거나 갖게 된 기쁨이 사라질 정도로 너무 늦게 받지는 않았는지? 이런 일들은 암암리에 하나님에 대한 우리의 믿음에 영향을 미친다. "엄마와 아빠에게 화내는 건 좋지 않아"라고 생각해서 억누르고 잊어버린 분노는 무엇인가? 우리 마음은 알고 있지만 생각으로는 잊어버린 분노의 판단은 무엇인가?

하나님의 자비로운 응답

1979년 2월 주님께선 폴라와 나에게 시편 62:5(표새)의 "내 영혼아, 잠잠히 하나님만 기다려라. 내 희망은 오직 하나님에게만 있다"와 "그가 내 마음의 소원을 네게 이루어 주시로다."(시 37:4)에 관해 가르치셨다. 하나님은 '기다린다(wait)'라는 말이 우리가 생각하듯 단지 시간에 관련된 말이 아니라 믿음의 질적인 부분에 관한 것임을 알려주셨다. 우리는 알지 못했었지만, '기다리다' 란 말은 아버지의 부재에 대한 쓰라린 실망감, 또는 무언가 기대하는 것이 이루어질 순간을 계속해서 기다리는 – 때론 결코 이루어지지 않는– 어린 아이의 번민과 깊은 관련이 있었다.

2월 14일, 61cm의 눈이 쌓였다. 그날 저녁 폴라와 나, 그리고 당시 우리집을 방문중이던 자넷 윌콕스는 주위를 산책하기로 했다. 처음으로 나는 우리 이웃의 도로변과 도로에서 집 현관까지의 길이 어떻게 보이는지를 알았다. 제설 송풍기로 깔끔하고 효과적으로 청소되어 있었다. 우리는 여전히 불경기 시절에 자랄 때의 '임시변통' 하는 생각이 남아 있어 삽으로도 충분했었다. 그러나 아직 청소할 곳이 많이 남았는데도, 시간도 없고 힘도 소진되는 경우가 종종 있었다. 나는 생각했다. "주님, 제설 송풍기가 있어야 하는데, 그걸 사려면 돈이 좀 있어야 해요. 그래요, 그만 두죠. 그것을 살 돈이 없습니다. 어쨌든, 주님을 찬양합니다." 이것이 나의 '믿음과 열정있는 진지한' 기도였다(약 5:16). 우리는 어느 누구에게도 무슨 얘기를 하지 않았다. 그 당시에 상담 받으러 콜로라도에서 온 사람이 마을에 있었다. 다음날 5마력짜리 제설 송풍기가 기구 대리점을 통해 배달되었다. 그 내담자로부터의 선물이었다! 주님께서는 우리의 믿지 않는 마음 중 또 다른 영역에 다가오기 시작하신 것이었다.

바로 그날 저녁 우리는 몬타나주의 한 도시에서 말씀을 전하기 위해 짐을 꾸리고 있었다. 나는 이렇게 생각했다. "유행이 바뀌어서 조끼가 있는 양복이 있어야 할텐데. 내 오래된 양복 두벌은 모두 파란색이야. 밤색 조끼가 있는 정장이 필요하지만, 뭐. 이건 돈이 드니까. 난 돈이 없잖아. 잊어버리자. 주님, 어쨌든 감사합니다." 다음날 저녁에 첫 강의가 있은 후에 어떤 남자분이 자신을 소개하며 말했다. "제가 이 지역에 있는 옷가게 주인입니다. 저는 십일조를 내는 방법의 하나로 저희 마을에 말씀을 전하러 오신 주의 종에게 옷을 맞추어 드린답니다. 아침에 오세요, 아니죠, 제가 모시러 가겠습니다. 그리고 우리가 무엇을 할 수 있는지 보죠." 다음 날 아침 그는 옷장에 가서 비싼 금색자켓을 꺼냈다. 그것은 잘

맞았다. 그는 "목사님 겁니다."라고 말하며 (나는 내게 무엇이 필요한 지 한마디도 언급하지 않았는데) 내게 완벽하게 맞는 매우 비싼 밤색 조끼가 딸린 정장도 집어들었다. "뭐 또 필요하신게 없습니까?"

나는 흥분하여 무심결에 내뱉었다. "짧은 바지, 짧은 바지가 필요해요." 그는 내게 짧은 바지와 내의 여섯 벌, 열 벌 양말과 신발 두 켤레, 상의가 딸린 운동용 팬츠 두 벌, 와이셔츠 두 벌, 운동용 셔츠 두 벌, 그리고 넥타이 두 벌을 주었다! 겸손과 감사한 맘으로 나는 주께서 관대하고 기쁘게 "너희 아버지께서 그 나라를 너희에게 주시기를 기뻐하시느니라(눅 12:32)"라고 내 마음에 새기심을, 그것도 지체치 않고 즉시 주기 원하심을 알았다. 내 마음은 깨끗지 않아서 아버지의 신실하심을 볼 수 없었고 때론 슬프게 하나님을 '11시 59분의 하나님'이라고 불렀다. 그것이 얼마나 그분의 속성의 거룩함을 무시한 것인가(민 20:12). 이제 폴라와 나는 우리가 필요를 알기도 전에 우리 필요를 공급하시는 하나님을 머리로만 아는 이상으로 알게 되었다. "구하기 전에 너희에게 있어야 할 것을 하나님 너희 아버지께서 아시느니라"(마 6:8). 하나님은 우리의 믿지 않는 마음을 회심시키기 위해 유쾌하게 움직이셔서 우리 아버지에 대한 판단을 회개케 하신다.

우리 모두는 비판을 받으며 산다. 어떤 이는 다른 이들보다 더 심각한 비판을 받는다. 우리들 대부분은 부모로부터 비판을 받는데 이는 깊은 상처를 준다. 또는 형제지간이나 이모, 조부모, 또래, 또는 선생님으로부터 받는다. 표출되든지 억압되든지 간에, 이에 대한 우리의 반응은 종종 분노이다. 결과적으로 쓴뿌리 판단이 우리 마음에 자리잡게 된다. 우리는 그 후로 사람들이 우리를 비판할 것을 예상하게 되는데, 사람들은 의

무감을 갖고 항상 그렇게 비판한다. 이 역시 부지불식간에 하나님에 대한 우리의 시야를 어둡게 한다. 하나님의 음성을 듣기를 배운 우리 중에, 하나님을 섬기려고 열심히 노력한 후에 그분이 우리의 실수를 지적하신다고 생각하는 사람이 많지 않는가? 나(존)는 어떤 모임에서 의견을 제안한 후에 주님이 내가 잘못 말하거나 행한 것, 또는 내가 했어야 하는데 잊어버린 것에 대해 비판하신다고 생각하곤 했다. 그러다가 어느날 타미 타이슨이 주님의 교정과 사탄의 참소의 차이에 대해 가르치는 것을 들었다! 나는 이 가르침을 마음 깊이 생각하기 시작했다.

얼마 후에 주님은 야고보서 1:5의 말씀이 내게 튀어오르게 하셨다. "너희 중에 누구든지 지혜가 부족하거든 모든 사람에게 후히 주시고 꾸짖지 아니하시는 하나님께 구하라 그리하면 주시리라." 말씀이 내 마음을 찌르기 시작했다. 그 비판하는 목소리는 결코 성령님께 속한 것이 아니었다! 성부 하나님은 때가 이르기까지 기다리셔서 이에 대해 내게 온화하고 친절하게 말씀하셨다. "여호와께서 말씀하시되 오라 우리가 서로 변론하자 너희의 죄가 주홍 같을지라도 눈과 같이 희어질 것이요 진홍 같이 붉을지라도 양털 같이 희게 되리라"(사 1:18) 그때 나는 부모님과 하나님께 대해 판단한 것들과, 사탄의 참소를 하나님의 말씀이라고 믿음으로 하나님의 본성을 부인한 것을 회개했다. 나는 하나님의 온화하고 인정하시는 본성을 보지 못했다. 나의 고백하지 않은 죄로 인해 내 마음에 돌같이 된 영역이 회심하지 않은 채 남아 있었다. 하나님의 거룩하고 온화하게 확신주심을 찬양하라! 다시는 주님에게 공격을 받거나 비판받는다고 느끼지 않게 되었다. 그분은 단지 인정하고 위로하시고, 나중에 앉아서 설득하고 사려 깊게 나를 부르셔서 책임지게 하신다. 난 그걸 좋아한다.

　아마도 하나님을 보는데 실패하는 가장 중요한 범주는 가장 기본적인 것, 사랑에서이다. 우리 중에 우리가 필요로 할 때 주도권을 갖고 규칙적으로 위로하고 애정을 주었던 부모를 가진 사람은 별로 없다. 부모들은 우리가 신호를 보내는 순간에는 안 그러다가, 사람들이 있을 때에나 너그러운 마음을 느낄 때에야 안아주고 키스해주거나 한다. 우리는 그럴 때에야 애정 표현하는 것을 혐오한다. 그것은 우리를 축복하기 보단 이용하는 것이다. 대부분의 내담자들은 아동기에 부모가 그들의 필요에 적합한 행동을 취하지 않았다고 주장하며, 많은 수는 그들의 부모가 전혀 애정표현을 하지 않았다고 불평한다. 그래서 우리는 사랑을 다른 사람이 원하는 바에 민감하고 희생적이며 꾸준하게 매일 주어지는 것으로 정의하지 않고, 누군가 우리를 터치하고 싶을 때에야 부분적으로 받아 들여지는 대상이 된다는 막연한 느낌으로 정의한다. 우리 생각이 하나님에 대해 무엇을 배우느냐에 상관없이, 이런 것이 하나님에 대한 우리 마음의 그림을 어둡게 한다.

　성경 전체는 하나님이 주도권을 갖고 모든 인류와 우리를 인격적으로 구원하러 오신 역사이다. 우리가 눈을 뜨고 읽는다면 기본적인 이 사실을 볼 수 있다. 그러나 경건의 삶을 매일 실천할 때에는, 생각으로는 우리 말을 전혀 듣고 계시지 않는 그런 하나님에 가까이 가려고 애쓴다. (우리는 그렇게 될 수 없는데도) 우리는 혼자 있다고 느낀다. 우리는 하나님을, 부르짖기 전에 천사를 보내 구원하고 그분의 종들을 보내 치유하실 하나님으로 기대하지 않는다. 양떼 아흔 아홉마리를 떠나신다는 구절은 눈에 안 들어온다(눅 15:4-7). "하나님은 내가 먼저 뭘 하거나, 가치가 있을 때가 아니면 날 찾아오지 않으실꺼야." 우리 마음은 그 부분에 있어서도 회심하지 않은 것이다.

괴테가 역사에 대해 이렇게 썼다. "이렇게 덜거덕거리는 시간의 베틀에 앉아, 나는 열심히 하나님에게 맞는 옷을 짜노라." 얼마나 기막히게 사실적인 표현인가! 모든 인류 역사는 하나님이 우리의 형상을 따라 만들어졌다고- 그 반대가 아니라- 우리 마음에 가르친다. 우리 자신의 개인사의 모든 순간이 직물인데 우리는 이를 통해 하나님을 본다. 모든 상처와 판단은 하나님의 얼굴을 어둡게 하는 색안경들이다. 그분이 이같이 말씀하시는 것이 당연하다. "여호와의 말씀에 내 생각은 너희 생각과 다르며 내 길은 너희 길과 달라서 하늘이 땅보다 높음같이 내 길은 너희 길보다 높으며 내 생각은 너희 생각보다 높으니라"(사 55:8-9).

첫 회심의 순간 이후로, 성령님은 우리 마음에 역사하고 계시하고 깨닫게 하실 수 있게 된다. 그러므로 성화와 변화의 크리스천의 삶이란,

> 사랑하는 자들아 우리가 지금은 하나님의 자녀라 장래에 어떻게 될지는 아직 나타나지 아니하였으나 그가 나타나시면 우리가 그와 같을 줄을 아는 것은 그의 참 모습 그대로 볼 것이기 때문이니 주를 향하여 이 소망을 가진 자마다 그의 깨끗하심과 같이 자기를 깨끗하게 하느니라 요일 3:2,3

상담자는 하나님의 가장 예리한 도구로 그러한 깨끗하게 하는 일을 하는 자들이다.

하나님께서 만인 제사장직 중에 어떤 이는 제사장으로 안수하시고 우리 모두가 선지자적 사명을 감당하지만 그 중 얼마를 선지자로 인정받게

하시듯이, 육신의 행실을 인식하는데에 특별히 은사가 있는 상담자가 있다. 물론 모든 생각을 사로잡는 이 일(고후 10:4-5)이 모든 다른 형제자매를 위해 모든 사람이 할 일이지만 말이다. 우리가 잊었던 판단으로 인해 우리 중에 나타나는 하나님의 생명을 보지 못하는 일이 얼마나 많은가? 부모의 간음, 술주정과 거짓말, 밤에 큰 소리 듣기를 두려워하는 것, 부모의 삶에 나타난 폭력, 이 모든 것이 하나님을 어떻게 묘사하는가? 공감하거나 이해하지 못하는 부모의 무능으로 인해 하나님의 본성이 마음에 어떻게 그려질지 생각해 보라. "하나님은 나를 이해하지도 할 수도 없어요." 아니면 항상 통제당하고, 자신이 생각하는 것이 진짜 자신이 생각하는 것이 아니라든지, 혹은 자신의 재능이 무가치하다는 말을 듣는 아이에게 하나님이 어떻게 보여질지 생각해 보라. 그런 사람이, 자신이 누구이고 무엇이라고 자유롭게 주장하거나, 하나님께서 그를 기뻐하시고 그의 재능으로 인해 그를 귀하게 여기실 것이라고 기대하게 할 수 있는 방법은 없다. 그래서 무수한 내면의 어두움으로 빠져든다. 18년 동안 상담을 하면서 폴라와 나는, 여기에 쓴 것처럼, 잊었던 어린 시절의 부모에 대한 판단으로 인해 하나님을 보는 눈이 가려졌던 우리 자신의 영역을 아직도 발견하고 있다. 그런데 우리 부모는 선량하고 사랑하는 좋은 의도를 가진 분이셨다. 하물며 몹시 심하게 상처받은 많은 사람은 어떠하겠는가? 바울이 말하기를 "그분을 알기 위해 좇아가노라..."(빌 3:8-12). 우리의 첫 회심은 우리 내면의 나사로를 부활시켰다. 이제 베다니의 친구들 중 하나가 되어 그리스도가 명하신 대로 서로의 손과 발과 얼굴에서 수의를 벗기자(요 11:44). 그래서 생명이신 그분을 보며 그분과 걷고 그분의 손을 잡도록 하자.

어느 글보다 다음의 시가 이것을 잘 표현했으리라. 이 시는 어느 크리스천 캠프에서 한 성령충만한 친구가 영감을 받아 지었다.

나는 밖에서는

안에서와 같은 사람이 아니야.

미소짓고 웃음짓지만

기쁨을 몰라

주님, 제 기쁨은 어디 있나요?

왜 저를 버리셨나요?

한 때 모든 것이 그렇게 자유로왔건만..

한 때 풀밭이 푸르고,

언덕은 아름다웠는데.

이제 나는 잿빛 베일을 통해

그들을 보는 듯해.

안은 춥고 갑갑하고 슬퍼.

나는 울며 아파해. 대부분 나날을

날 보아줄 눈을 갈망해.

하지만 난 아주 잘 숨어 아무도 볼 수 없어

그게 난 줄 알지만 내 생각엔

아무도 관심없어 - 그분도 관심없을 거야

그렇지만 오랫동안 그분의 사랑을 알았기에

그게 사실이 아닌 줄은 알아

하지만 난 올라갈 수 없고

모래 속으로 천천히 가라앉아.

"도와주세요" 말하지 - 속에선 울부짖고 -

하지만 얼굴엔 미소를 짓지.

오직 내 눈만이 표현해 - 내안의

고통의 우물을

난 내 가면을 벗겨버릴지 모르는

그런 사람을 쳐다보지 않으려 조심해.

하지만 결국에는 내려가

실체를 붙잡고 싶어

난 나 혼자 할 수 없어

드디어 제가 주님 앞에 준비됐나요?

"정직" 우리는 외치지

"투명함", 그런 말들.

하지만 누가 이 무서운 땅에 용감하게 맞설까?

내가 맞섰지, 난 시도했어.

하지만 열었더니 고통이 왔어

내 문을 닫기 원했던 사람들로부터 왔지.

내 작은 소녀를 유린했던 사람들.

그렇게 밝고 명랑했던 소녀가 아, 그렇게 민감했는데

너무도 여러 번 다른 이들이 그녀를

안으로 몰아버렸어

"나와라, 작은 소녀야" 난 달랬지

하지만 그녀는 앉아서 울적하게 있어.

자고 있니 작은 소녀야?

주님, 누군가를 보내주셔서 그녀를 사랑하여

다시 한번 살게 해주세요.

아멘. 주님,

추수할 터에 일꾼을 보내소서.

마음이 눈뜨지 못한 이들에게 상담자를 보내소서.

제 3 장 변화의 복음적 토대
The Evangelical Base of Transformation

제 3 부 성취지향성 Performance Orientation

거듭난 사람에게는 반복해서 인간적 노력을 통해 뭔가 얻고자 애쓰는 일로 되돌아가려는 경향이 있다. 우리의 생각과 영으로는 구원이 값없이 주어진 선물임을 알지만, 우리의 마음에는 일을 잘 해낸(performing, 성취한) 대가로 사랑을 얻으려는 습성이 있다. 대개 '구원받은' 우리는, 하나님의 사랑이 아닌 다른 동기 때문에 우리의 섬김이 애씀과 긴장과 두려움으로 변질된다는 것을 알지 못하거나('꾀더냐'), 뭔가 낌새를 채면서도 무엇이, 왜, 어떻게 잘못된 동기가 되었는지 모른다.

성취지향성이란 우리가 행하는 봉사가 아니라 우리를 행하도록 몰아가는 잘못된 동기를 일컫는 용어이다. 성취지향성을 죽음에 처하면, 같은 일을 거의 같은 방식으로 할지라도, 이전과는 전혀 다른 의도에서 하게 될 것이다. 성취지향성을 죽음에 처하게 한다는 것은 봉사와 행함을

> 어리석도다 갈라디아 사람들아 예수 그리스도께서 십자가에 못 박히
> 신 것이 너희 눈 앞에 밝히 보이거늘 누가 너희를 꾀더냐 내가 너희
> 에게 다만 이것을 알려 하노니 너희가 성령을 받은 것은 율법의 행위
> 로냐 듣고 믿음으로냐 너희가 이같이 어리석으냐 성령으로 시작하였
> 다가 이제는 육체로 마치겠느냐 갈3:1-3

중단하라는 말이 아니라 마음 안에 숨은 잘못된 의도에 대해 죽으라는 말이다.

    어릴 때 우리 모두는 어느 정도 거짓말을 받아들이고 이것을 본성 안에 엮어놓는다. 그중 우리의 행동 전반에 파고드는 가장 널리 퍼져있고 파괴적인 거짓말은, "내가 제대로 하지 못하면 난 사랑받지 못할꺼야" "만약 내가 엄마 아빠가 원하는 대로 되지 못하면 나는 속할 곳이 없어"이다. 때로는 의식적인 생각에서조차 이런 오류를 믿는데, 대개 거짓말은 풀밭에 숨은 뱀처럼 또아리치고 앉았다가 우리의 모든 노력 사이에 미끄러져 다닌다. 보이지 않는 미지의 적이 알려진 적보다 훨씬 더 큰 설득력을 갖기 마련이다. 성취지향적인 사람에게 있어 인생이란, 쉴 수 있는 용납과 그로인한 자신감보다는, 끊임없는 걱정과 두려움, 수고의 기반 위에 세워진다.

    거짓말은 대소변 가리는 훈련과 같은 일상사를 통해서 우리의 일부분

이 된다. "참 잘했네. 엄만 널 사랑해." 물론 엄마는 바지에 아무리 많이 실수해도 우리를 사랑하겠지만, 어린 생각에는 잘 해내는 것과 사랑을 연관시켜서 "내가 (변기위에서나 어디서나) 제대로 하지 못하면 엄만 날 사랑하지 않을거야"라는 반대의 결론을 내려버린다. 잘 해내는 것과 사랑이 잘못 뒤엉켜버린 까닭에, 우리가 제대로 하지 않아도 사랑받을 수 있다는 생각을 하지 못하게 된다. 최악의 경우, 제대로 행동하지 않으면 거절당한다는 믿음이 생기기도 하는데, 그러면 다른 사람이 우리를 사랑하더라도 스스로 사랑받을 자격이 없다고 생각해서 사랑을 받아들이지 못하거나 거짓 죄책감에 시달리게 된다.

대개 엄마가 일부러 잘못된 것을 가르치려고 하는 것이 아니다. 그저 일이 일어나고 또 반복될 뿐이다. "새 옷 입으니까 예쁘네, 엄만 널 사랑해" 아이는 예쁘게 보여야 사랑받는다(그리고 단정치 못하거나 추한 모습을 하면 사랑을 잃는다)는 메시지를 받고 집에 돌아온다. "밤새 잘 자고 한번도 울지 않았네, 우리 아들, 자랑스럽구나. 사랑해." 그 순간 사랑의 손이 '기쁘게 하려고 노력함' 이라는 따끔거리는 장갑에 빠져들게 된다(역자주: 사랑과 애씀이 붙어버린다). 그렇게 간단하고도 쉽게 우리의 마음은, 분리되어야 하는 것들, 즉 잘하는 것과 사랑받는 것을 하나로 덧입혀버린다. 우리는 사랑을 낚는 법을 배우는데, 미끼가 될만한 행동을 취하지 않으면 물고기 즉 사랑은 없고, 그게 당연하다고 우리는 생각한다. 완전히 속는다.

이제 우리 대부분이 무수히 겪었던 잘못된 형태의 제재의 예를 보자. "내 아이가 어디 갔지? 좀전에 여기 있었는데. 내 아들이 이렇게 행동할리 없는데." 우리는 있는 모습 그대로 받아들여질 수 없다고 직접 듣는다. 오직 인형같은 모습이나, 다른 사람이 당연하다고 생각하는 그림이 우리의 정체성이 될 수 있다. 그런 사람이 되지 못될까봐 두려움이 엄습한다. 남이나 스스로에게서 잊혀질까봐 몹시 두려워서 성취지향에 스스로를 가두어버린다. 역설적이지만, 우리에게 요구되는 바를 잘 해내는데 성공하는 만큼 사실은 우리의 진정한 모습에서 멀어지게 된다.

자녀들은 못된 짓을 하기 마련이다. 천사의 눈과 더러워진 피부를 가진 악당, 이것이 아이들의 실제 모습이다. "아이의 마음에는 미련한 것이 얽혔으나 징계하는 채찍이 이를 멀리 쫓아내리라"(잠22:15). 아이는 어른의 꽉 잡은 손의 제재를 받고 행동의 허용범위를 부여받아야 하지만, 동시에 우리가 최악의 상태에 있을지라도 따뜻하게 안기고 용납되어야한다. 이를 통해 사랑이 무조건적임을 알게 된다. 그럴 때 사랑은 완전하게 주어진 선물이고 잃어버릴 수 있는 것이 아님을 마음판에 새기게 된다. 이것이 안정감을 만들어낸다.

그러나 우리 대부분의 부모들은 자녀의 사랑에 대한 필요를 이용해 아이들을 통제하려는 유혹에 쉽게 굴복하고 만다. "네가 그렇게 하면 널 사랑할 수 없어" 얼마나 끔찍하게 아이에게 상처를 주는 말인가! "도와주세요! 내가 어떻게 해야하는지 기억해야만 해요. 내가 못하면 어쩌죠? 만약 하지 않으면 어쩌죠? 아, 아무도 날 사랑할 수 없어요. 난 자격이 없어요." 아이가 목소리를 높여 말할 수 있다면 이렇게 얘기할 것이다. "화나요. 왜 내 모습 그대로 날 사랑하지 않죠?" 두려움 때문에 그는 사랑을 벌기 위해 노력하게 된다.

"이제 네 방으로 가라. 그리고 제대로 행동할 수 있을 때 다시 나올 수 있어." 이를 번역하면 "여기서는 제대로 행동하는 사람만이 용납된다.

우리의 기준에 맞지 않게 행동하면 거절받게 돼."

"식탁을 떠나라! 네가 미소지으며 나올 때에야 우리의 가족의 일원이 될 수 있어. 불평만 하는 사람은 이곳에 있을 수 없어." 이 말의 진짜 의미는 이렇다. "이곳에서는 사랑은 무조건적이지 않다. 너는 솔직하게 표현할 자유가 없어. 거짓말하고 위선적인 가면을 써라. 그러면 우리가 널 받아줄 수 있다." 우리의 영은 어떻게 해야 하는지 알지만, 두려움과 소속되고 싶은 필요가 우리를 지배하여 우리 자신이 아닌 모습을 연기하게 된다.

여러 가지 방법으로 우리의 진정한 모습이 살아나면 거절당한다고 들을 뿐 아니라, 좀 지나면 진정한 모습이 존재해선 안된다는 생각을 우리가 덧붙이기도 한다. 그때부터 분노, 천박한 생각, 즉흥적인 생각 등의 솔직한 충동은 "내가 아닌 것", 즉 억누르거나 피해야 할 것으로 분류된다. 그러다보면 결국에는 속사람이 노력하길 그만두고 죽는다. 그리고 진정한 풍성한 삶이 빠진 텅 빈 껍데기가 성취하려 하게 된다. 그런 잘못된 죽음이 발생하기 전까지 속사람은 계속 살아남으려고 노력한다. 그리하여 우리 모두가 인격의 이중성을 갖는다.

"샌드포드 집안사람은 여자를 때리지 않는다." 좋은 가르침이다. 오늘까지 나는 이 가르침에 감사하고 이를 지키며 살고 있다. 그런데 속으로 내 누이동생 마르다 제인을 두들겨 패고 싶을 땐 어떻게 해야 했나? 내 감정을 점검하고 적절한 선택을 하도록 배운 것은 좋다. 그러나 나는 어떤 기초 위에서 그런 선택을 했을까? 부모님들과 형제자매들에 대한 마음으로부터의 사랑과 존경에서 그랬을까? 아니면 내가 샌드포드 집안사람이 되지 못할까봐 두려워서일까? 어쩌면 둘 다 일지도 모른다. 소속되지 못하리라는 두려움이 사랑보다 더 큰 이유는 아니었을까? 실제로 어떤 동기가 나를 지배했을까?

간단한 법칙은 이렇다: 많은 웃음과 애정이 있는 곳에서는, 자신이 잘했든지 엉망으로 했든지에 상관없이 자신이 용납받음을 자녀들이 알게 된다. 그들에겐 그럴(용납받을) 자유가 있다. 지금 막 나쁜 잘못을 저지른 자녀가 부모의 팔 안에 뛰어들고, (징계가 주어진다고 해도) 모두가 웃으며 배울 수 있을 때, 자녀는 자신의 좋지 않은 부분 역시 나이며, 사랑받고 있고 사랑받을 만하다는 것도 배우게 된다. "사랑은 허다한 죄를 덮느니라(벧전4:8)." 자녀들이 감정적으로 당황하여 어쩔 줄 모를 때가 가장 이 말씀이 진실인 순간이다. 무조건적인 사랑이 당연한 것으로 여겨지지 않으면서도 종종 표현될 때, 자녀는 과감하게 '나'의 모든 면들을 발견하고 자아는 안정감을 갖게 된다. 그리고 두려움이 아닌 전혀 다른 기초에 근거해서, 자신이 어떠한 모습으로 사리잡을지를 선택하는 사유도 갖게 된다.

반대로 애정없이 행동에 대해 완고하고 엄격하게 요구하는 것은 자녀에게 통제의 수갑을 채우는 것이다. "네가 합당하게 행동하지 않으면 사랑받을 수 없어." 한번 거짓말이 우리 안에 덧입혀지면 이것은 우리의 모든 열매들을 낳는 지배적인 줄기가 된다. 우리의 모든 행동들은 이 줄기에서 흘러나오게 된다.

아무리 따뜻하고 안정적인 가정에서라도, 보통은 근심으로 인해 두려움이 자유로움에 깃들게 된다. 까꿍 놀이를 몇 시간씩 하는데, 아빠나 엄마가 숨어 있다가 나타날 때마다 아기가 늘 새롭게 깔깔대는 것을 본적이 없는가? 어쩌면 죄악의 세상에 태어난 출산의 고통으로 인해, 자녀들은 자신이 버림받거나 거절당하리라는 내면의 큰 두려움이 있다. 이 놀이는 그러한 두려움을 일으키면서도 엄마와 아빠가 계속 그곳에 있다고 반복적으로 안심시키는 행동이다. 따뜻하고 사랑이 있는 가정에서도, 좋은 삶을 날려버리거나, 가족을 수치스럽게 하거나, 우리가 다른 사람들과 너무 다르기 때문에 결국에는 받아들여지지 못할지도 모른다는 두려움을 가질 수 있다.

따라서 법칙은 이렇다: 공포가 있을 때 염려가 커지고, 가족의 행동방식에 차가움과 경직됨이 클수록 고분고분한 성취지향이 늘어난다. 그만큼 두려움이 "...죽기를 무서워하므로 일생에 매여 종노릇 하는 모든 자들"(히2:15)의 모든 인생을 묶어버린다. 우리가 두려워하는 죽음은 육체적인 죽음이 아니다. 성취지향적인 신자에게 육체적인 죽음은 해방을 뜻한다. 그보다 우리가 두려워하는 것은, 우리에게 소속감과 사랑을 준다고 거짓 믿음을 주는 통제의 세상에 대해 죽는 일이다. 거듭난 사람일찌라도, 사랑이 얼어붙은 구석까지 도달하고 자아의 죽음이 우리를 자유케 하기 전까지는, 죽음에 대한 두려움 때문에 변화되지 못한다.

성취지향성은 열심히 일하는 사람을 뜻하는 것이 아니라 그른 동기로 열심히 일하는 사람을 말한다. 자유로운 사람은 오직 사랑만이 동기가 되어 같은 일을 더 열심히 할 수도 있다. 성취지향적인 사람은 끊임없는 인정을 필요로 한다(무의식적으로 요구하기도 하고, 때론 말로 표현한다). 비난을 잘 받아들이지 못한다. 그들의 안정감은 하나님이나 자신에 있지 않고, 다른 사람들이 자신을 어떻게 생각하느냐에 있다. 다른 사람들의 반응에 의존한다. 스스로 결정내릴 중심이 거의 없다. 그들은 다른 사람의 인정을 받기 위해서라면 무엇이라도 되어야 한다. 그들은 소위

에리히 프롬이 '시장지향의 성격' 이라고 칭한 사람이 되는데, 이말은 용납이라는 신호를 사기위해 자신을 팔아 무엇이라도 되거나 행하는 사람을 일컫는다. 질책을 방어적으로 받아들이는데, 이는 용납이나 사랑의 신호가 아니라 거절의 신호로 받아들여진다. 자신이 잘못했음을 쉽게 인정하지 않는데, 왜냐하면 질책을 "내가 노력하지 않았어"나 "나는 받아들여지지 않아", 또는 "나는 받아들여지기 위해 계속 노력해야 하고 그렇지 않으면 나는 버림받아"라는 뜻으로 해석하기 때문이다. 성취지향적인 사람을 꾸짖으면 "당신은 나를 사랑하지 않는다고 내게 말하고 있군요"라고 대답하는 것을 듣고 놀라게 될 것이다. 안정적인 사람이 성취지향적인 사람과 살 때 종종 "내가 한 말을 어떻게 그렇게 받아들이지?" 하고 놀라게 된다. 아주 사소하거나 때론 의도하지 않은 말에도 감정적 폭발이 일어날 수 있으며, "내가 당신을 사랑하는 것을 어떻게 의심할 수 있냐고!"라는 뜻밖의 말을 한다. 그리곤 항상 이렇게 말한다. "결국 당신을 위해 한 거예요." 또는 "날 고마워하지 않죠. 당신은 절대 안 그래요."

성취지향적인 사람은 자기 주위의 주요한 인물이 얼마나 잘 행동했느냐에 따라 애정을 베풀어 준다. 다른 사람들이 잘 행동하지 않으면 사랑을 주지 않는다. "그들은 사랑받을 자격이 없어." 자신이 그런 식으로 대접받았기에 다른 사람에게 그렇게 하는 것이다. 아내가 자신을 성적으로 잘 대하는 것이 남편이 아내의 기준에 맞춰 얼마나 잘 행동했느냐와 연관되었음을 발견하곤 섭섭해하는 남편이 얼마나 많은가. 부부관계는 통제를 위한 무기가 되었다. 또 우리는 얼마나 종종, 다른 사람을 통제하거나 자신이 원하는 것을 남편이 하게 하려고, 서로에게 쌀쌀한 어깨를 보이거나 침묵의 방법으로 대하는가?

　크리스천의 사랑은 성취지향적 행동과 정반대이어야 한다. 말씀이 육신이 되었음은 조건 없이 주어지는 사랑을 의미하며, 상대방의 행동의 좋고 나쁨에 상관없는 것이다. 크리스천의 사랑은 우리 안에 있는, 다른 사람을 향한 끊임없는 그리스도의 마음으로부터 나온다. 우리가 그 사랑을 어떻게 실행할 것인가는 다른 사람의 행동에 따라 순간의 필요에 적절하게 맞추어 변할 수는 있다. 사랑으로 인해 책망할 수도 있다. 때론 다정하게 대할 수도 있고, 때론 물러날 수도 있다. 우리는 불안정함이 아니라 지혜 가운데 그리스도의 사랑의 흐름에 따라야 한다. 그러나 불행히도 우리의 습관은 크리스천이 되기 이전의 삶에 의해 형성되었다. 성취지향성은 이미 형성되었다. 성취지향성이 우리를 구성하는 날실과 씨실이다. 성령께서 사랑을 부어주시기 위해서는 엉킨 가시떨기로 변한 우리의 중심(많은 사람들이 우리의 죽지 않은 가시에 찔리고 있다)의 중심에서 길을 찾으셔야 한다. 자아의 죽음으로 그 영역이 해방되기 전까지는, 우리는 여전히 통제하기 위해 사랑을 이용한다.

　때로 성취지향적인 사람은 새로운 일을 시도하는 것을 두려워한다. 실패하는 것은 괜찮은 일이 아니다. 그렇다고 그들이 때로 새로운 일을 시도하지 않는다는 말은 아니다. 성취지향성으로 인해 과감히 모험하기도 하지만, 또한 본능이 충동하는 일을 막을 만큼 굳건하지도 못하게 된다. 여기서 요점은 두려움이다. 모든 정상적인 사람은 두려워한다. 그러나 성취지향적인 사람에게 실패에 대한 두려움이 드는 주된 이유는, 실패가 다른 사람에게 얼마나 상처가 되는지 보다는 사랑하는 사람이나 다른 사람이 자신을 어떻게 보느냐에 있다. 시행착오를 재미있는 경험으로 삼을 수 있는 안정감이 없다. 성취지향적인 사람은 미리 규칙이 무엇인지 알고 싶어한다. 잠재의식적으로 말하는 바는 이렇다. "내가 안전하다고 느낄 수 있게 내게 어떻게 해야 하는지 말해주세요." "나는 내가 모험하기 전에 알기 원해요. 그래야 내 자신을 기분좋게 느낄 수 있으니까요" "나는 통제하고 있어야 해요." 그래서 성취지향적인 사람은, 상대역을 맡아 연극하는 상황을 제외하면 즉흥적일 수 없다. 절제는 그들에게 있어 우상숭배와 엄격함의 경지에 이를 정도로 중요한 덕목이다. 그들은 사람들 앞에서는 항상 균형 잡히고 품행이 방정해야한다.

때론 그 짐이 과중해진다. 성취지향적인 사람이 더 많은 사람과 더 새로운 상황에 맞닥뜨릴수록 잠재의식적으로 규칙과 역할을 알아내기 위해 더 일해야 한다. 지나친 압력을 받으면 그는 망가지거나 아니면 우울에 빠질 수 있다. 그는 자신이 단지 존재하기에 용납받는다는 사실을 받아들일 수 없고, 일반적인 행동양식을 따를 때에만 자신이 용납받는다고 생각한다.

만약 성취지향적인 사람이 자신의 도덕관과 상충되는 관습을 가진 집단에 속했다면, 그는 기어를 바꾸려고 애쓰느라 거의 분열될 지경이 된다. 예를 들어, 벅찬 일을 시키고 음탕하고 무뚝뚝하고 거친 직장상사 밑에서 일하는 남자가 근실하고 의로운 아내를 둔 경우에, 그는 하루 종일 거칠게 행동하고 외설스럽고 음탕한 농담을 주고받다가 집에 와서는 성자처럼 지내야 한다. 매년 크리스마스 파티에서 이 두가지의 모습을 조합시키는 일은 그에게는 심한 고문과 같다. 자신이 필요로 하는 사랑을 얻기 위해서라면 그것이 무엇이든 발견해서 해야 한다는 부담이 너무 무거워지면, 그는 공포나 이에 대한 반항으로 인해 좋은 녀석의 역할을 망

처버리거나, 성취해야 하는 데에서 오는 숨은 분노를 분출할 수 있는 폭음, 마약으로 멍해짐, 도박, 외도 같은 이상한 행동을 하게 된다.

성취지향적인 사람은 자신의 중심성을 거의 갖지 못하고 집단의 표준이 무엇이든지 그것을 따라해야 한다. 이것이 왜 무수히 많은 '착한' 사내아이가 나쁜 친구와 어울릴 때에 비행을 저지르는 데에 별 저항감을 느끼지 못하는지를 설명해준다. 그들은 결코 사랑에 근거한 도덕성을 따른 것이 아니라 부모의 기준에 맞춰 잘 해야 한다는 덕목을 따라 행한 것뿐이다. 현재의 유혹은 두개의 강력한 동인을 결합시킨다. 하나는 정형화된 틀을 깨고 역할 전부를 망쳐버릴 무언가를 행하려는 욕구이고 다른 하나는 이 유혹을 주는 집단에 속하고자 하는 욕구이다.

성취지향적인 사람들은 자신의 진정한 정체성을 잃을 수 있다. 아이는 한 주간에도 수백번 부모가 요구하는 인형의 이미지를 따라 행동할지, 아니면 자신의 진정한 감정을 표현할지를 선택하는 기회에 직면한다. 성취지향성을 개발시키는 사람은 자신의 실제 감정을 거듭 억눌러야 한다. 이제 몇 가지 일이 발생하기 시작한다: 첫째, 속사람이 메시지 보내기를 결국에는 포기하여 자신이 잘하고자 하는 모습이 진정한 자아라고 느낀다. 두 번째, 무의식적으로 성취지향적인 사람은 자신이 창기가 되었다고 느낀다. 그는 사랑이라는 '돈'을 보상으로 받기 위해 자신을 팔아야 하는 데에 분개한다. 셋째, 솟아오르는 분노 때문에 '실패자', 즉 실패할 필요로 발전된다. 그는 거짓 게임의 전부를 파기할만한 획기적인 무언가를 하고 싶어한다. 더 이상 자신이 사랑받는다는 것을 믿어야만 하는 것을 원치 않는다. 모든 것을 잘못해서 스스로 생각해도 완전히 사랑받을 수 없는 존재가 된다하여도 여전히 사랑받는다는 점을 체험하여 분명한 사실로 발견하고 싶어한다. 넷째, 이제 폭발할 빌미를 줄 성냥을 찾아다니는 화약고가 된다.

여러 차례 폴라와 나는 자기 분야에서 성공했지만 나중에 '폭발하여' 모든 것을 잃어버린 사람들을 상담한 바 있다. 안식을 누릴 수 있는(눅 12:19) 바로 그 시점에 스스로 모든 것을 날려버린다. 알콜 중독이나, 도박, 외도에 빠지든지, 몹시 고통스럽고 분명한 심인성 질환을 앓게 되는 등 실패하게 되는 무언가에 빠진다! 그들은 왜 그런지 이해할 수 없다. 그들에게는 모든 일이 불가사의하고 불공평하다! 그 이유는 간단하다. 먼저 그들이 성공하려고 매우 애쓰는 시기에 그들의 속사람은 "누워있어, 우린 해야 할 일이 있다구"라는 소리를 들어야 했다. 변화와 휴식, 분노의 표출, 격정적인 충동, 상상 등의 정상적인 내적필요는 성공해야 한다는 외적인 동인에 의해 희생되어야 하거나 희생되는 것처럼 보인다. 이는 마치 수면 아래로 공을 잡고 있는 것과 같다. 외부의 요구가 느슨해지는 순간, 내부의 동인이 솟아오르며 사방으로 물이 크게 튀게 된다. 막 짜증을 내는 참을성 없는 어린아이 마냥, 내적 자아는 실패의 상황을 통해 다 들으라고 비명을 지른다. 두 번째, 열심히 노력하는 기간에 외적자아는 속사람에게 이렇게 말한다. "우리가 그곳에(백만불, 스타의 지위, 갈채 등 무엇이든지간에) 다다르는 때에야 쉴 수 있어." 도달한다는 것은 (도달한다해도) 더 인정받거나 사랑받거나 안정감을 느끼지 않는다는 속임수를 드러낼 위험이 있다. 성공은 그릇된 질문에 대한 그릇된 답변이다. 성취해야 할 또 다른 백만 불, 또 다른 정상이 있어야 한다. 그렇지 않으면 게임 전체가 공허함을 인정해야만 한다. 하지만 그렇게는 할 수 없다. 왜냐하면 우리가 살고 사랑받는다는 말의 정의를 뭔가를 잘해내는 것으로 생각했기 때문이다! 그렇게 살지 않는 것은 게으르고, 더 나쁘게는 거절당하고, 또 인생목적의 공허함 속에 사는 것으로 보인다. 돈이나 성공은 결코 성취지향적인 사람의 실제 목표가 아니다. 설령 자신은 그렇게 생각한다할지라도, 기분좋게 느끼고 스스로에게나 타인에게 용납받음을 느낄 수 있도록 하는 능력을 얻는 것이 목표인 것이다. 그래서 마릴린 먼로가 (공허함을 느끼고) 자살을 했고, 모건가(家)가 전 세계를 장악하려고 계속 애쓰고 있는 것이다.

중서부의 한 목사가 잘 해내야한다는 격심한 압력을 받았기에, 주로 어머니와의 관계에서 생긴 자기 내면의 요구를 아내에게 투사하였다. 이 목사는 단 한시라도 이 여자와 살 수 없었다. 사모가 (그가 생각하기에) 삶을 감옥으로 만들고 그녀의 기대에 맞춰 살기를 목사에게 요구하였다. 사모가 상담을 받으러 와서 변화되었다. 그렇다하여도 달라진 것은 없었고 목사에게는 사모가 문제였다. (그 목사가 어머니를 향한 자신의 분노를 찾았다면 투사하는 일을 멈출 수 있었겠지만, 그는 어머니를 자신으로부터 너무나도 잘 보호하고 있었다. 어머니를 미워하는 것은 좋지 않으니까.)

이 목사는 복음적이며 거듭난 설교자로 그의 사업인 영혼구원에 능숙하였다. 하지만 자신의 마음은 그때까지도 자신이 설교하는 내용을 듣지 못했다. 그가 위선적인 것이 아니라 죽음에 처해지지 않은 육신에 갇혀 있었을 뿐이다. 그는 사모와 교회 전체에 의해, 또한 이들을 위한 창기가 되었다고 느꼈다. 이 다람쥐쳇바퀴 돌리는 반복된 상황에서 탈피하기 위해 과감히 무언가를 할 절실한 필요가 있었다. 나(존)는 이러한 필요가 그에게 있음을 보고 그에게 경고했다. "오, 아냐, 존. 난 구원받았네. 예수님이 내 안의 모든 것을 위해 돌아가셨지. 난 그 사실을 내 것으로 삼았네. 그러한 것은 모두 죽었어. 어떻게 거듭나고 성령충만한 사람 안에 그런 것들을 가질 수 있단 말이지?" 문제는 바로 '그의 외부(아내)'에 있었다. 만약 내가 '그의 아내를 호전시키는 것'을 돕지 않았다면, 그 목사는 더 이상 나와 상담하지 않으려 했을 것이다.

(그는) 불가피했던 외도를 무의식적으로 저질렀을 뿐 아니라 의도적으로 숨기지도 않았다. 특히 그 일은 노골적이고 육욕적이었는데, 그는 이를 숨기지 않고 떠벌리고 다녀야 했다. 왜일까? 좋은 사람이라는 이미지 전체를 확실하게 완전히 붕괴시키기 위해서였다. 다행히도 아내와 그가 떠벌렸던 장로들 모두가 용서하고 받아들여서 오늘날 그는 여전히 그 교회의 목사로서 온전함으로 가는 길에 있다! (장로에게 고백하는 것은 좋은 일이다. 그가 한 것은 고백이 아니라 유치하게 자기 얘기를 지껄인 것뿐이긴 하지만.)

독자로 자란 내 친한 친구 중 하나는 차갑고 거리가 느껴지는 부모의 늦둥이로 태어났는데, 그는 대가로 얻지 않는 사랑에 대해 전혀 알지 못했다. 그는 잘 해내고 있었지만, 또한 자주 흥청대는 술자리에 갔다. 어느 술자리가 파하고 드물게 있는 진실의 순간에, 그는 아내에게 말했다. "당신이 날 진정으로 사랑한다는 걸 알 때까지 난 계속해서 당신을 시험할 거야." 그는 외도를 숨기지 않고 하는 등 어지간히 거듭하여 그렇게 했다. 그의 아내는 비싼 대가를 치루면서도 지속적으로 용서했다. 무조건적으로 남편을 사랑했지만 결국 그녀는 자신이 줄 사랑이 없음을 발견하고 절망하였고 그녀 안의 예수님만이 무조건적인 사랑을 줄 수 있음을 발견하게 되었다. 마침내 그의 마음이 믿고 돌아서게 되었다.

내(존)가 볼 때, 성취지향성이 최악의 수준에 이르면 '때까치'를 만들어낼 수 있다. 때까치는 먹이를 근육별로 갈기갈기 찢어발기는 새이다. 사람의 경우에 때까치란 의로움을 모두 다 자신(여성에게 더 빈번하게 드러남)에게 모아들여 상대방(주로 배우자, 종종 남편)이 의로움을 표출할 여지가 없어 악한의 역할을 감당하게 하는 사람이다. 그러한 사람 안에는 주로 성취지향성이 형제간의 경쟁(아이는 부모의 칭찬을 조금만이라도 얻을 수 있는 일이라면 무엇이건 잘 해내서 다른 형제들보다 우월해지길 배운다)과 다른 사람은 옳은 일을 전혀 할 수도 없거나 제대로 섬길 수도 없다는 쓴뿌리 기대와 결합되어 나타난다. (본서의 제14장과 〈크리스천 가정의 회복 Restoring the Christian Family〉의 11장을 보라(이 책(1권)은 7장까지이다. 2권의 내용 중에 있다-편집자주)). 때까치 안의 쓴뿌리 기대는 하루종일 배우자에게 이런 메시지를 보낸다. "잘못된 일을 하세요. 날 끼워줘요. 당신이 그럴 거라는 걸 알아요. 날 숭고한 순교자로 만들어요. 난 인생이 그런 거라고 기대해요. 그게 내가 맡은 역할이에요(인정하지는 않지만)."

한 여성이 나(존)를 찾아와 그녀의 남편이 왜 그렇게 약해빠져 거듭거듭 술에 빠지는지 그 이유를 알고 싶어 했다. 그녀는 의상, 도덕성, 자세, 교회출석과 기도의 삶 등 모든 덕목에 있어 귀감이 될만한 여인이었다. 아무 덕목이나 대보라. 그녀는 그걸 갖추었다. 그녀는 교회의 '성녀(聖女)'였다. 그녀의 모든 행동의 밑바탕에는 타인을 위한 순수한 사랑이 아니라 완벽하고자하는 이기적인 필요가 있었는데, 그 필요는 남자(그녀의 아버지가 술고래였다)는 약하다는 쓴뿌리 기대와 결부되어있었다. 나는 앉아서 부부가 말다툼 시작하는 것을 지켜보았다. 말로만 하지 않았을 뿐, 그녀의 모든 것은 남편이 자신의 필요에 맞춰 약한 존재가 되었으면 하는 요구사항을 남편에게 소리치고 있었다. 이해할수 있지만, 남편이 안정되고 술을 덜 마시게 되자 그녀는 기뻐하기보다는 화를 냈다. 채찍질할 곳을 잃어버린 것이다. 스스로에게 만족해하는 그녀의 능력은 남의 실패를 소위 자신의 덕목과 대비하는 것에 달려있었다. 이것이 그녀를 영원히 숭고한 순교자로 만들었고, 그녀가 겪는 욥의 고난에 대해 "저런 형편없는 사람과 살다니 그녀야말로 훌륭한 크리스천 아니에요?"라고 위로하는 교회 사람들의 후원을 받게 했다. 비극이지만 그녀가 예외적인 경우가 아니다. 이런 패턴은 거의 타고난 것이다. 한 남편은 자신이 말하는 진실이 무엇인지 다 이해하지 못한 채 아내를 때리며 이렇게 소리친다. "당신은 너무 완벽해! 당신은 너무 완벽하다고!" 이성으로는 모르지만 그의 속사람은 자신이 무엇을 증오하는지 알고 있다. 그는 한번도 진짜 아내를 데리고 산 것이 아니라 성취지향의 껍데기와 산 것이다.

 때까치 증상은 남자보다는 여자에게서 더 빈번하게 나타나는데, 이는 남자가 여자보다 더 나아서가 아니라(남자는 더 나은 존재가 아니다), 여자가 남자보다 더 기쁘게 하려는 존재로 하나님께서 지으셨기 때문이다. 그래서 여자가 자연적으로 남자보다 성취지향성에 더 잘 빠진다. 육체적인 힘이 없기에, 여자는 소녀시절에 감정에 호소하는 계략을 어떻게 사용하는지를 배우고는 이를 잊어버린다. 그리고 무의식적으로 성취지향으로 남편을 앞지르고는 숭고한 순교자 역할을 맡는다. 남자는 다른 남자와 함께 있으면 순응하기보다는 반발하지만, 통제적인 어머니 밑에서 자란 경험으로 인해 자신이 때까치가 되기보다는 아내의 성취지향적 행위에 순응하기가 더 쉽다.

교회에서 성취지향성은 기독교적이라기보다는 종교적인 영이 된다. 종교는 (내가 가진 큰 옥스퍼드 사전에 따르면) "신적인 지배력에 대해 믿음과 경외감과 (신을) 기쁘게 하려는 욕구를 표현하는 활동이나 행위"로 정의된다. 신학적으로는 종교는, 신을 발견하고 기쁘게 하고자 성경연구나, 교회출석, 선행과 경건생활 등을 이용해서 인간이 신을 추구하는 것으로 정의된다. 기독교 신앙은 정반대이다. 기독교 신앙에서는 하나님이 인간을 찾으시고, 끝없는 사랑의 마음에서 인간에게 주신다. 종교에서는 인간이 하나님에게 매달린다. 기독교 신앙에서는 하나님이 인간을 붙드신다. 종교에는 우리가 결코 충분히 선하지 않으며 그렇게 될 수도 없다는 애씀과 두려움과 거짓된 죄책감이 있다. 기독교 신앙에서는 안식과 평강이 있는데, 이는 우리의 경영이 아버지의 손에 맡겨졌고, 우리가 하는 것보다 그분이 하시는 것이 우리를 더 잘 다듬으실 것이기 때문이다. 신앙에서는 모든 노력(골 2:1, 딤전4:10, 히 4:11, 12:4)이 평강으로 뒷받침된다. 하나님께서 우리를 소유하신다. 우리는 사랑받고 선택받은 자이다. 잠시 교제에서 멀어질 수는 있지만 사랑에서 끊어지지는 않으며, 우리가 멀어질 때 하나님께서 찾아오셔서 우리를 잡으신다. 그래서 우리는 안전하다. 우리에겐 바보 같은 짓을 할 자유가 있고, 그렇기 때문에 실수를 할 필요가 적어진다.

　종교적인 사람은 하나님을 성취지향성의 대상으로 삼는다. 이제 그들은 매우 명확하게 부끄럽지 않은 삶을 살라고 '요구' 하는 아버지를 갖게 된 것이다! 성부 하나님이 절대 그런 분이 아니라는 점에는 전혀 유념치 않는다. 우리 육신의 부모로 하나님을 씌워놓는다(제2장 우리는 하나님을 어떻게 바라보는가를 보라). 그렇기에 구속때문에 한번 안심하고 성령님이 오시고 나면, 성취지향적인 사람은 마음 속에 무의식적으로 이렇게 생각한다. "이제 나는 정말로 부끄럽지 않게 살아야 해!" 그리곤 완벽해지기 위해 애쓰는데, 이는 예수님에 대한 사랑 때문이 아니라 이전처럼 부모의 거절을 두려워하는 육신적인 두려움 때문이다. 불행히도 너무도 많은 설교들이 성취하라고 야단치고 권고하여 동일한 두려움으로 인해 애쓰도록 만들지, 어른의 눈에 들어있는 어린아이에게 단순한 하나님의 은혜의 복음을 설교하지 않는다.

종교적인 사람(거듭난 P.O '성취지향성(Performance orientation)'이나 '성취지향적인(Performance oriented)'을 축약한 말들)은 교회 불화의 중심에 있다. 그들은 긴장을 풀지 못하고 그들 주위의 모든 사람도 그렇게 된다. 다른 사람을 비판하지만 자신에게 오는 비판은 받아들이지 못한다. 예수를 못박고 그후로도 신실한 자를 박해한 이들은 종교지도자였다. (이런 관점에서 볼 때, 공산주의자들은 성취지향적이기에 종교적인 광신자들이다.)

종교적인 사람은 오늘날의 바리새인이다.

바리새인들과 또 서기관 중 몇이 예루살렘에서 와서 예수께 모였다가 그의 제자 중 몇 사람의 부정한 손 곧 씻지 아니한 손으로 떡 먹는 것을 보았더라. (바리새인들과 모든 유대인들이 장로들의 유전을 지키어 손을 부지런히 씻지 않으면 먹지 아니하며, 또 시장에서 돌아와서는 물을 뿌리지 않으면 먹지 아니하며 그 외에도 여러 가지를 지키어 오는 것이 있으니 잔과 주발과 놋그릇을 씻음이러라.)(막 7:1-4)

그들의 안전감은 자신을 향한 하나님의 사랑을 알거나 사랑의 행동을 행하는데에 있지 않고, '옳은' 일, 즉 관습적인 씻음과 의례를 하는 것에 달려있었다. 주님이 그들의 세상을 뒤집어 놓았다. 자신의 의로움을 확실시 하고 그들처럼 잘 하는데 실패한 모든 형제자매보다 앞서기 위해 그들은 조심스레 올바른 행위들의 체계를 구축했다(오늘날 교회에서 같은 일이 빈번하게 일어난다). 예수님이 오셔서 사랑과 안식일 규례에 대해 자비를 과시하심으로써 바리새인에게 말씀하신 것은, 행위로 의롭게 됨이 전혀 무익하다는 사실이었다. 그들에게는 의례와 관습을 떠나서 하나님의 사랑을 느낄 수 있는 방법이 전혀 없었다. 그렇게 하지 않으면 공허한 것 같았다. 예수님은 위협이 되었고 그들의 명예를 훼손하였다. 그래서 주님을 미워했고, 오늘날에도 종교적인 사람들은 거듭나고 주님의 교회에서 매주일 예배 때 그분의 이름을 부르면서도 똑같은 일을 한다.

큰 비극은 P.O.의 사람이 안식의 믿음을 가진 사람을 핍박한다는 데에 있는 것이 아니라, 신실한 이들이 성취지향적인 사람을 어떻게 사역해서 자유케 하는지를 모른다는 데에 있다. 신자들은 분투하는 이들이 안식할 수 있도록 어떻게 사랑해야 하는지를 배워야 한다. 사회 어디서도 P.O.의 사람이 쉴 곳은 없다. 왜냐하면 자신이 받는 사랑을 거듭 시험한 연후에야, 그리스도 안에 있다는 이유만으로도 괜찮다는 것을 마음에서 확신할 수 있기 때문이다. 세상은 그처럼 계속 용납하고 용서할 수 없다. 그리스도 안이 열쇠이다. 왜냐하면 자신이 불완전해도 주 예수 그리스도가 우리 힘이요 구원이며 노래가 되셨기에 자신의 있는 모습 그대로도 괜찮다는 것을 마음 깊이 알기 전까지는, 모든 사람의 영은 사탄의 참소를 받기 쉽다.

사탄은 자신이 삼킬 수 있는 먹이를 찾아다닌다!(벧전 5:8) 역설적으로 사탄이 잡아먹을 수 있는 자는 자신의 의를 확신하거나 의를 가지지 않으면 불명예스럽다고 생각하는 자이다. 사랑받으려면 제대로 해야한 다는 P.O. 거짓말을 받아들인 영역과 그 정도만큼 사탄은 자신의 활동 공간을 갖는 것이다. 사탄은 늘 와서 실패한 부분을 지적한다. 사탄이 건드릴 수 없는 사람은 자신의 의가 없지만 예수님이 의가 되셨기에 자신의 의가 필요 없고, 구속받았지만 여전히 죄인임을 아는 자이다.

행위는 여전히 주 예수 그리스도께서 정하신 기준에 따라야 한다. 의로움이 필요없다는 말은 자유를 악을 행하는 구실로 쓰라는 말이 아니다 (벧전 2:16). 행위는 우리 안에 계신 주님의 사랑의 결과로 따라온다. 하지만 행위의 성공이나 실패가 우리 의의 표지는 아니다. 예수님이 (표지가) 되신다.

교회를 떠난다 해서 P.O.나 종교적 영으로부터 벗어나는 것은 아니다. P.O.의 사람에게는 감옥과도 같은 도덕법을 포기한다고 해서 벗어날 수 있는 것도 아니다. P.O.의 구조는 내적이어서, 마치 옛 속담에 "소년을 농장에서 떼어낼 수는 있어도 농장을 소년에게서 빼낼 수는 없다"고 한 말처럼 우리가 어딜 가든 따라다닌다. 사회 어디서나 성취가 요구된다. 범죄자 사회에서만큼 동료에 의해 성취행위가 무섭게 통제되는 곳은 없다! 존 도나토의 책 〈마피아에게 말하라 Tell it to the Mafia〉를 읽기를 권한다. 범죄자 사회에서는 얼마나 잘 성취하느냐의 기준에 의해서만 사람을 받아들이거나 내친다. 나(존)는 택시기사시절 배차원의 지시에 따라 매춘부들을 '직장'으로 태워다 줄때가 있었다. (법에 의해 택시 운전수는 승객이 가기 원하는 곳으로 태워줘야 한다.) 나는 그들이 다른 매춘부가 "제대로 하지 않는다"고 몹시 불평하는 것을 들으며 거듭 놀랐었다. 다른 매춘부 때문에 "우리 직업 전체가 나쁜 명성을 갖게 된다"고

했다. 마치 아직까진 그렇지 않다는 듯이 말이다! 사업이나 클럽, 친구나 심지어는 우연히 만나서 알게 된 관계에서조차 행동에는 지켜야하는 요구사항이 있고 불응하면 벌칙이 있다. 교회 안과 밖의 유일한 정서적 차이는, 교회 안에서는 주 예수 그리스도께서 우리를 죽음에 처하심으로 (긴장을 풀어주는 하나님의 은혜 안에서) 안식을 누리게 할 기회를 가지신다는 점뿐이다.

성취지향성의 내적구조는 거듭난 크리스천의 마음 안의 불신앙 중에서 가장 고치기 힘든 부분이다. 이성은 거저 주시는 선물이라는 메시지를 듣고 영은 안심하여 한시름 놓지만, 마음은 오랫동안 잘못된 이유로 (상대방을) 기쁘게 하고자 애쓰도록 훈련되어졌다. 전에 언급했듯이, 회심의 빛이 사그라지면 성취지향성이 복수심과 함께 살아나고, 크리스천은 이제 본격적으로 맞춰 살아야할 아버지와 따라야할 기준을 갖게 된다! 많은 이들이 성령충만한 후 곧 기진해버리는데, 그것은 육신의 죽지 않은 부분이 그들을 아무도 해낼 수 없는 기준을 따라가기 위한 내적노력에 빠지게 하기 때문이다! 지난 장에서 언급했던 죠니는 아버지로부터 성취지향성을 습득했다. 하늘 아버지를 알게 된 후에 그녀의 육은 당당하게 친아버지의 사랑을 얻으려 했던 그녀의 애씀의 대상을 성부 하나님으로 바꾸었고, 그리스도의 모범이라는 무거운 짐을 그녀에게 올려놓았다. 금새 삶이 불가능해졌다. 그녀는 종종 침울하게 되었다.

그리스도를 위해 살려고 애쓰는 것을 포기해야 한다는 말이 아니다. 필요한 일은 옛 동기가 죽고 새로운 동기가 생겨나는 일이다. 십자가에 못 박히기 전에는 육신의 애씀이 모든 수고 배후에 있다. 할 수 있는 한도 내에서 율법을 따르는데, 그 동기는 이럴 수 있다. 브라우니를 먹을 수 있는 점수를 따기 위해서, 처벌에 대한 두려움에서, 성부 하나님의 사랑을 얻기 위해서, 훈련받은 대로 의무감에서, 거짓되고 참소하는 양심 때문에 힘들까봐 두려워서, 다른 이들이 나를 어떻게 생각할까봐 위협을 느껴, 따돌림 당할까봐 등인데 이는 모두 크리스천으로 잘못된 동기들이다. 이 모든 것이 죽어야 한다. 우리로 행하게 만드는 것은 순수하게 단 하나, 예수님의 사랑이 우리를 통해 흘러가는 것이어야 한다. 무엇을 한다고 해서 이를 통해 무엇을 얻거나, 다른 사람이 내 신세를 지게 해서 갚게 하든가, 어울리게 되거나, 사랑받는 것을 보장받거나, 두려움을 면하거나 하지 못한다. 이러한 것들은 모두 유일하고 참된 답인 예수님의 (사랑의) 은사로 해결된다. 그러나 우리의 믿지 않는 마음이 진리 안에서 그 사실을 이해하게 될 때까지 우리는 해오던 것을 계속 해나갈 것이다. 우리가 마침내 성취에 대해 죽으면, 동일한 말과 방법으로 주님을 섬기는 똑같은 일을 하게 되더라도, 우리를 통해 흘러가는 것은 우리의 우신이 아니라 예수님의 사랑임을 다른 사람들도 쉽게 알아차리게 된다.

우리가 방문한 어느 교회에 '만사 선생(Mr. Everything)'이라 불리는 집사가 있었다. 그는 매 주일 헌금을 걷고, 성가대에서 찬양하고 남성 교인을 위한 만찬 티켓을 팔고, 교회문단속을 하고, 생기는 모든 일에 자원하였다. 하지만 그는 또한 목사님에게는 '옆구리의 가시 선생(Mr. Thorn-in-the-side)' 이었고 그리고 교회에서는 '분쟁 선생(Mr. Dissension)' 노릇을 했다. 그의 얼굴과 걸음걸이에서 작은 소년이 "내가 제대로 일하는 것이 보이나요? 난 좋은 아이예요. 이제 당신이 날 사랑해야 되요"라고 말하였다. 종종 격양되었던 그의 목소리에는 정죄와 비난이 들어있었다. 그는 왜 '다른 사람들은 나처럼 주님을 섬기지 못하는지'를 알 수 없었다. 그의 모든 섬김에 영향을 주는 것이 무엇인지 전혀 들을 수 없었다. 그는 자신의 내면의 동기를 몰랐다. 자신의 비난이 주님을 위한 사랑에서 나온 것이 아니라 형제간의 경쟁에서 앞서고 싶어하는 어린 아이의 필요에서 나왔음을 볼 수 없었다. 그는 활짝 핀 P.O.로 인해 사소한 나무람도 수용하지 못했고, 그렇기에 실제로 무슨 일이 일어나는지에 대해 한번도 친절한 설명을 듣질 못했다. 그 이후에 그는 '타락한 자'들에게 철저히 실망하여 교회를 떠났다. 그 이후로 교회는 따뜻하고 하나되었으며 사랑의 분위기가 되었다. 이 집사는 주님을 향해 거듭난 열정적인 사람이었다. 우리 모두에게 비극적이고 회개할 만한 것은 마음을 위한 사역을 이해하지 못해서 불신앙이 있는 신자인 그를 구할 수 있는 그런 몸이 되지 못한 것이다.

페기는 그녀의 남편이 그녀를 떠났는데 그 이유를 이해하지 못해서 우리를 찾아왔다. 그녀는 '그를 위해서 무슨 일이든 했다'. 그녀 말을 들으면서 나(존)는 남편이 떠난 진짜 이유가 무언지 알 수 없었다. 그리고 나서 내가 어느 집에서 말씀을 전하는 모임을 페기가 주관하게 되었다. 내가 집에 들어가자 페기는 이곳저곳을 휘젓고 돌아다니며 과도하게 섬기느라 매우 바빴다. 그녀의 얼굴과 태도, 걸음걸이조차 이렇게 말하고 있었다. "당신을 위해 이렇게 잘 하고 있어요. 내가 그렇다고 말해 주세요. 그러지 않으면 당신은 죄책감이 들지않나요?" 나는 왜 그녀의 남편이 그녀를 떠났는지를 알게 되었다. 그 불쌍한 남자는 자기 집에서 결코 쉴 수 없다. 아내가 하는 모든 섬김에는 남편이 반응하고 감사를 표하며 주목하라는 요구가 있었다. 남편은 사랑하고 감사한다고 거듭 밝혀야 하는 것을 피곤해한다. 그녀는 자신이 사랑받는 존재임을 단순히 믿고 남편 옆에서 결코 쉴 수 없었다. 그녀는 섬겨야 했고 남편은 인정해야 했다. "다투는 여인과 함께 큰 집에서 사는 것보다 움막에서 혼자 사는 것이 나으니라."(잠21:9) "다투며 성내는 여인과 함께 사는 것보다 광야에서 혼자 사는 것이 나으니라."(잠21:19) "마른 떡 한 조각만 있고도 화목하는 것이 육선이 집에 가득하고 다투는 것보다 나으니라."(잠17:1)

나는 페기에게 말하고자 시도했다. 그녀는 듣질 못했다. 그녀 역시 거듭났고 성령충만하고 믿음이 있고 교회를 다녔다. 구원도 알았다. 하지만 그녀의 마음은 내 말을 받아들이고 안식하지 못했다. "악한 자는 반역만 힘쓰나니 그러므로 그에게 잔인한 사자가 보냄을 입으리라"(잠17:11) 오래지 않아 (사자가) 왔다.

페기의 남편이 집에 돌아왔지만 실직 상태였다. 이제 그는 소파에 앉아 아내의 섬김을 요구했다. 그녀가 나가서 일거리를 찾아야했다. 남편은 집안을 정돈하거나 설거지하는 것을 도와주려 하지 않을 뿐 아니라 아내를 직장까지 차로 태워주지도, 아내가 운전하는 것도 허용하지 않았다! 그녀는 자전거 페달을 밟아 출근해아했고, 하루 종일 일하여 생계를 유지하고, 집안을 청소하고, 남편이 집에서 어지른 설거지를 하고, 저녁 준비하고, 다시 설거지하고, 세탁하고, 다음날을 위해 다시 모든 것을 준비해야 했다.

우리가 자신의 방법대로 고집스럽게 계속해 나가면, 종국에 이르러 그만둘 수밖에 없을 정도로 역겨워 할 때까지 (불친절해 보이지만 실상) 주님의 친절하심이 더욱더 쌓이게 된다. 마침내 어느 아침 페기는 직장에 가려면 아직도 반마일 남은 곳에서 40마일의 휘몰아치는 강풍 때문에 마음이 부글부글 끓게 되었다! 그게 해냈다. 그녀는 사력을 다해 자전거 페달을 밟으며 하나님께 맞서 목청껏 소리질렀다. "내가 지금 일하러 가려고 하는데, 난 당신을 섬기려고 애쓰는데, 당신이 내게 준 전혀 쓸모없는 남편을 사랑하려고 하는데, 집에서 모든 일을 다 하지만 남편은 도와주지 않는데, 이제 당신이 내게 이런 강풍을 보내시다니요!" 이 외침은 문을 열었고 그녀의 통제력을 무너뜨렸으며, 페기 안의 억눌린 감정이 모두 쏟아져 나왔다. 그녀는 저주하고 마구 고함치고 소리치며 하나님을 모욕하기까지 했다! 그 다음에 무슨 일이 일어났을까? 하늘에서부터 번개가 그녀에게 내리치지 않았다. 차가 달려들어 그녀를 벌주지도 않았다. 그 대신에 압도하는 평안이 찾아왔다. 기름부으심과 축복과 사랑이 하늘로부터 그녀에게 쏟아졌다! 길 한가운데 바로 그 자리에 멈춰서서 그녀는 아기처럼 울었다. 생애 처음으로 제대로 하지 않았을찌라도 누군가 자신을 사랑한다는 사실을 알았다. 그녀의 믿지 않는 마음이 드디어 복음을 받아들인 것이다.

수개월 후 페기가 나를 찾아왔는데, 이번에는 상담을 위해서가 아니라 "고맙습니다"는 말을 하기 위해서였다. 이전에 그녀는, 늘 의자의 가장자리에 무릎을 모으고 손을 포개어 무릎위에 올려놓고 지나치게 얌전을 빼며 예의를 갖추어 앉았었다. 이제 그녀는 의자 깊숙이 편안하게 기대앉아 웃고 농담하고 자신이 느낀 것을 쉽게 그리고 솔직하게 인정했다. 흔히 있는 일이지만, 실수를 해도 괜찮다는 사실을 발견했다고 해서 그녀가 도덕성을 상실한 것은 아니다. (페기는 남자라면 누구라도 원할 만한 매우 아름다운 금발머리의 여인이었다.) 이제는 강제에 의해서가 아니라 하나님의 사랑에 근거하기 때문에 도덕적으로 되기가 더 쉬워졌다. 그녀는 마침내 받을 자격이 없고 거저 주어지는 은총이라는 은혜의 참 의미를 알게 되었던 것이다.

과도한 성취가들을 상담하면서, 내 육신으로는 그들이 나가서 완전히 방탕한 짓을 함으로써 구주를 모신다는 것과 구주가 필요하다는 사실이 무언지를 진정 배우기를 원하는 때가 많았음을 고백해야겠다. 마르틴 루터는 그의 고해신부인 스파티나에게 너무 지나치게 고백하곤 했기에 마침내 스파티나는 그에게 이렇게 소리질렀다. "마르틴, 이런 사소한 과오를 고백하는 일로 날 지치게 하지 좀 말고 나가서 큰 죄 좀 지을래? 그런 후에 와서 고백하도록 해!" 물론 정답은 화가 나서 마르틴 루터에게 스파티나가 말한 것과 같은 이유 때문에 상담자로서 "죄를 지으려면 큰 죄를 지으라!"고 하지 않는 것이다. 앞서 언급했던 목사처럼 마음으로 사랑과 구원을 알기 위해 우리 모두가 외도를 저질러야 할 필요는 없다.

폴라는 그 금발미인 페기처럼 철저하게 도덕적이고 거의 성취지향적이었다. 우리의 결혼생활 초기에 나는 폴라에게 비난이 담긴 말을 거의 할 수 없었다. 그렇게 하면 방어적이고 적의를 품은 비난이 다시 돌아왔다. 내 잘못이 훨씬 더 컸지만, 폴라의 잘못도 있었다. 나는 거듭해서 아내에게 이에 관해 이야기하려고 시도했지만 한번도 진정으로 긍정하고 이해하도록 할 수 없었다. 마침내 16년 후 나는 주님께 말씀드렸다. "포기했습니다. 주님께서 그녀를 이해시켜 주셔야겠어요."

같은 시기에 나(폴라)도 주님께 거의 비슷하게 말씀드렸다. "포기합니다. 그가 말하는게 무언지를 모르겠어요. 어떻게 바꿔야할지 모르겠습니다. 이런 막다른 골목에서 살 수는 없어요. 주님, 돌파구가 되는 무슨 일이건 해주세요." 기도하는 순간조차도 나는 내안에 있는 문제가 무엇인지 알지 못했다. 내 관점에서 볼 때에 나는 많은 역할을 감당하고 조정하기 위해 열심히 일했다. 여섯 아이의 엄마로, 네 과목을 준비하고 가르치는 고등학교 선생으로, 게다가 교회생활에서 활발하게 사역하는 사역자의 아내로서의 역할을 했다. 나는 이 모든 역할에서 성공적이기 위해 애썼고, 존의 말은 내가 제대로 하지 못하고 있음을 암시하는 비난과 부담의 소리로 들렸다. 물론 그가 그럴 의도로 말한 것이 아니었다. 하지만 내게는 그렇게 들렸다. 나는 탈진했다. 나는 존이 나를 그냥 나이기에 사랑해주기를 원했지만, 나의 수고와 방어벽 때문에 남편이 그렇게 할 수 없음을 알지 못했다. 성취지향적인 사람은 주로 다른 사람을 섬김으로써 사랑하기 위해 열심히 일하지만 다른 사람이 사랑을 갚고자 가까이 오는 것을 허용하지 않는다. 우리는 그후에 여러 카리스마적인 크리스천 지도자들과 이야기를 나누었는데, 아무도 감히 그들의 P.O.를 뚫고 들어와 그들에게 사역하지 않기에 그들은 정상에서 고립되고 외로와했다. 몇몇 내 친구들이 존에게 말했다. "왜 내가 폴라와 가까워질 수 없지요?" 존은 "나도 모르겠소, 폴라에게 직접 물어봐요."라고 답했다. 하지만 나는 균형잡히고 절제된 태도를 지녔기에 아무도 정면으로 내게 달라붙으려 하지도, 그럴 수도 없었다. 내가 다른 이들에게 기도부탁을 할 때마다 내 마음이 간절히 바라는 말은 나오지 않는 듯 했다. 대신 이런 말을 듣게 되었다. "이 훌륭하고 강한 여인으로 인해 하나님을 찬양합니다." 이것은 완전히 날 이해하지 못한 것이었다. 나는 외롭고 화나고, 내가 아는 바 할 일이란 더 노력하는 것뿐이었다. 방어벽이 너무 두꺼워서 만약 존이 천사였다면 이 벽을 통과하기가 힘들었을 것이다. 그리고 존은 나로 인해 외로움을 느끼며 상처받았다. 한 때 존이 이렇게 말했다. "때때로 나는 둔하고 아무 재능없는 금발과 결혼했었으면 하고 바랄 때가 있소."

그때 나는 "어쩜 이렇게 감사를 모르는 얼간이일 수가."라고 생각했다.

하나님은 뛰어넘기에 너무 높고 통과하기에 너무 단단한 벽은 부수어져야 함을 아셨다. 우리 둘이 마침내 "포기합니다"라고 할 때에, 하나님께서는 우리 절규 안에 있는 순교자의 기질마저 무시하고 놀라운 방법으로 응답하셨다.

내가 가르치는 학교는 아이다호주의 물란이라는 작은 도시에 있었다. 이 도시는 우리가 살던 왈라스에서 룩아웃 패스 쪽으로 6마일 정도 떨어진 곳에 있다. 때는 10월로 첫 눈이 아직 오지 않았음에도 불구하고, 도로의 그늘진 굴곡위에 검은 얼음 조각이 있을 때가 있었다. 한낮에 폭스바겐 승합차를 운전해서 집으로 갈 때 길이 좋을 줄 알았다. 60마일로 가다가 갑자기 얼음 덩어리와 부딪쳤다. (당시 제한속도는 70마일이었다.) 후방 엔진의 무게로 인해 차가 풍차마냥 돌았다. 승합차는 도로의 난간과 부딪히고 두 바퀴 반을 굴렀으며, 나는 차가 뒤집어져서 멎기 직전에 앞 유리창을 통해 날라갔다. 콘크리트로 된 고속도로 한가운데에 드러누운 채 깨어나서 내가 이전에 단 한번 만난 적 있는 한 청년의 얼굴을 바라보게 되었다. 내가 다쳤을 거라고 생각했지만 통증은 느껴지지 않았고 믿을 수 없을 만큼 평안했다. 침착하게 나는 그 젊은이에게 나를 우리 주치의가 있는 (사고지점에서 14마일 떨어진) 켈로그 병원으로 데려가도록 구급차를 불러달라고 했다. 이 사고에 다른 차가 관련되지는 않았는지를 묻고 아무도 없었음을 알고는 크나큰 안도감을 느꼈다. 병원으로 가는 길 내내 시편 23편의 말씀이 내 머리에 계속 지나갔고, 평화로운 느낌이 계속되었다. 켈로그병원에서 의사가 나의 내의에서 많은 자갈을 제거할 때 나는 내 눈이 감길 정도로 부었음을 인식했고, 그래서 잠

깐 치료를 멈추고 늦기 전에 컨택트 렌즈를 빼내달라고 부탁했다. 대기실에서 한 친구가 신경질적으로 울었지만, 여전히 고요함과 평온함이 나를 뒤덮었다.

나는 수많은 상처를 입었다. 정수리는 물풍선같이 느껴졌다. 목과 어깨에는 퍼렇고 시커먼 멍이 들었다. 한동안 얼굴은 부어서 뚱뚱했을 것이 틀림없다. 왜냐하면 수일 후 병원의 한 청소부가 문을 열고 고개를 들이밀며 친근하게 이렇게 말했기 때문이다. "안녕히 주무셨어요, 날씬해진 얼굴님!" 허벅지와 다리는 타박상을 입고 상처가 찢어졌고, 왼쪽 무릎에는 몇 바늘을 꼬맸다. 내 허리가 계속해서 경련을 일으켜서 X-레이 촬영을 해보니 부러진 네 개의 횡근이 서로 엇갈려 있었다. 나는 두 주 반의 시간 동안 무척 많이 잤다. 문병객들이 끊임없이 찾아왔다. 교회 성도, 동료교사, 행정가, 가족, 이웃, 학생들이 모두 찾아왔다. 그들의 사랑과 관심이 나를 깊이 어루만졌다. 우편물이 홍수를 이루었다. 존은 "무슨 일이 있었어요? 주님께서 당신을 위해 중보기도하라고 부르셨어요"라고 말하는 전화를 나라 전역에 걸쳐 받았다고 말해 주었다. 집에는 교구민들이 자원하여 나를 위해 (그중에 어떤 옷은 내가 자선기부경매에 내놓으려고 한 것도 있었는데 이를 전혀 알지 못하고) 다림질을 해주었다. 그들은 우리 가족에게 음식을 가져다주었고 아이들을 돌봐 주었다. 지역사회가 기도해 주었다. 한 친구는 당시 두살배기인 막내 아이 안드레아를 거의 매일 밤 병원에 데리고 와 내가 누운 침대에 눕혀 주었다. 우리 아들 로렌은 내게 노래를 부르고 기타연주를 해주기 위해 대학교에서 집으로 왔다. 나는 말 그대로 사랑과 기도로 충만히 잠기게 되었고 내가 그 곳에서 할 수 있는 일이라곤 그저 누워서 받는 법을 배우는 일이었다.

하늘로부터의 심방까지 있었는데 당시 내가 놀라지 않았고 내가 본 바를 의심하지도 않았다는 사실이 지금에서야 신기하다. 마치 혈육의 사람이 오가듯이 실제로 얼굴없는 모습들이 줄을 지어 내 병실문을 지나 복도 쪽으로 나갔다. 그들은 내 침대까지 죽 뻗치는 빛의 터널처럼 테두리를 둘렀다. 한동안 내 침대는 장미들로, 그 다음에는 장미가 백합으로 바뀌어 뒤덮혔다. 벽에는 연필로 쓰여진 경과보고 같은 것(아래를 보는 내 모습의 스케치가 날이 갈수록 앞을 보았고 나중에는 위를 보고 있었다)을 볼 수 있었다. 마침내 더 이상의 신비로운 실체는 없었다. 그러나 나를 감싸는 평강은 남아있었다. 그리고 내 내면은 따뜻했다. 나의 벽은 무너졌다. 나는 주님의 사랑이 치료제임을 알았다. 치료용 허리 부목을 댔고 이것을 6주에서 9개월간 착용해야 한다고 들었다. 사고 후 2주 반 만에 퇴원했고 그리고 며칠 후 학교로 돌아가 보충 수업도 했고 부목은 단지 한주간만 착용했다.

우리(존이 다시 쓰고 있다)는 우리 마음이 얼마나 완고하며, 성령충만하고 성경을 믿는 사람 가운데에도 실제로는 얼마나 회개하지 않은 마음을 가질 수 있는지, 그리고 하나님은 우리 마음의 금강석처럼 단단한 여러 면에 도달하기 위해 얼마나 다양하게 하늘과 땅을 움직이시는 지를 우리 자신의 삶을 통해 보여주기 위해 다른 사람에게 이 이야기를 나눈다. 폴라는 그녀가 말했듯이 이제 처음으로 사람들이 자신에게 사역하는 것을 허용했고 나의 꾸지람을 처음으로 들을 수 있게 되었으며, 마음을 열고 주고받는 진짜 대화를 나눌 수 있었다. 하지만 여전히 그녀 마음에 아직 회개하지 않은 부분이 있어서 하나님께서 자신을 위해 그 자리에 계시다는 것을 폴라는 믿을 수 없었다. 그래서 하나님께서는 전(前) 장에서 언급한 차가 도로에서 벗어나는 사고를 통해 다시금 그녀를 만지셨다. 하지만 그녀는 여전히 큰아들 증후군(눅 15:11-32)으로 고생하는 맏딸이었다. 폴라는 한번도 명백하고도 의도적인 죄를 알지 못했다. 그녀는 언제나 '착한 소녀'였다.

내(폴라)가 자란 세인트루이스의 제3차 침례교회에는 몇몇 근본주의자들의 특성인 판단주의나 율법주의가 전혀 없었다. 오스카 존슨 박사는 나를 사랑하셔서 자신을 주시고 나를 위해 죽으신 참 사랑의 예수님을 설교하셨다. 나는 열 한살에 예수님께 내 삶을 드렸는데, 그분이 나를 사랑하심을 알았기 때문이었다. 나는 강단 앞에 나아가 오로지 사랑 때문에 예수님을 영접했다. 예수님을 너무 사랑해서 성찬식 내내 앉아서 울음을 멈출 수 없었다. 나는 내 자신이 구주가 필요한 죄인임을 전혀 알지 못했다는 사실이 내게 떠오른 적은 한번도 없었다.

엘리야의 집이 세워지고 존과 내가 나라 전역을 다니며 일상생활에서 예수님의 사랑을 가르치지 한참 후에 엘리야의 집 회원 중 두 명의 로마 카톨릭 신자가 놀랄만한, 믿기 어려운 말을 내게 직접 했다. "폴라, 당신은 구주를 모신다는 것이 무슨 뜻인지를 모르시는군요."

"무슨 말씀이세요, 제가 그분을 모른다구요? 저는 열한살부터 그분을 알았고 수년간 그분에 대해 가르쳤는데요."

"당신은 예수님을 구주로 알지 못해요. 당신은 한번도 자신을 죄인이라고 알지 않았으니까요. 죄인만이 구주를 알 수 있어요. 유감입니다." (상상해보라, 카톨릭 신자로부터 복음적이고 거듭난 침례교 신자가 이런 말을 듣는다는 것을!)

나는 이 말을 존에게 전했고 존은 (의심할 바 없이 안도의 한숨을 쉬며) 이렇게 말했다. "하나님께 보여달라고 기도해 봐요. 그분께 당신의 죄성을 계시해 달라고 요청해요. 그분이 보여주실거요." 그래서 나는 그렇게 했다.

그리고 어느날 한 목사님이 존을 만나러 교구민을 데리고 오셨다. 그들이 상담을 받는 동안 그 목사님은 나와 함께 했다. 나는 내 귀를 의심할 수밖에 없었다. 나는 이 분이 매우 성령충만한 목사님인줄 알았다. 그런데 그는 내게 남창이었던 자신의 초기 생활에 관해 너무나도 상세히 이야기하는게 아닌가! 나는 그런 일에 대해 들어보지조차 못했다. 하지만 나는 오랫동안 충격을 받지 않고 듣는 태도를 훈련해왔다. 나는 조용히 나의 반응을 계속 주님께 올려드렸다. 하지만 나는 그가 왜 내게 이 모든 것을 이야기를 하는지 의아했다. 그는 분명 오래전에 회개했을 것이고 자신이 전적으로 용서받고 새로워졌음을 알텐데, 왜 그것에 대해 말을 한걸까? 주제는 바뀌었고, 그는 떠났는데, 그 후 몇 시간 동안 나는 무척 혼란스런 감정에 당황하였다. 우리는 문을 잠그질 않는다. 그럼에도 나는 모든 문과 창문을 잠가야 한다는 강한 충동을 느꼈다. 내가 바보같이 느껴졌다. "나를 위협하는 건 하나도 없어. 내가 왜 두려워하지?" 그러자 내 자신의 죄의 본성을 내가 인식하지 못하게 막으려 노력했음을 성령께서 깨닫게 하셨다. 그 목사님이 나눈 이야기가 나를 성적으로 흥분시킨 것은 결코 아니었다. 성적인 부분에서 나는 존과 완전히 연합되어있다. 하지만 그때 주님께서 알려주신 것은 똑같이 죄지을 가능성이 우리 모두에게, 따라서 내게도 있음을 내가 알 수 있게 하려고 그 목사님이 자신의 이야기를 나누었다는 점이었다. 이 말씀이 진리로 마음에 새겨졌다. 처음으로 내가 알게 된 것은, 내가 충분히 선해지는데 성공했기에 추잡한 죄에 빠지지 않은게 아니라는 점이었다. 주님께서 그분의 은혜로 나를 구원하셨고 주님께서 나의 가족과 양육과 환경들을 너무나 과분하게 축복해주셨기 때문에, 그 남자나 다른 어떤 사람과 마찬가지로 검은 내 본성의 밑바닥이 내 안의 죄성을 표현할 유혹을 받지 않았을 뿐이었다. 똑같은 상황에 처했다면 나도 내 친구 목사처럼 똑같은 혹은 더 심한 죄를 저지를 수 있었을 것이다. 나는 내 자신이 괜찮은 사람인데 가끔 죄를 지어서 죄인이라 부르는 것이 아니라, 내 자신이 죄이기에 내가 죄를 표현하는 것임을 알게 되었다. 이러한 깨달음이 나를 정녕 겸손케 하였다.

이제 나는 나 자신을 죄로 알기에, 방어해야 할 거리가 남아있지 않다. 때때로 일에 너무 빠져 충분히 주님과 시간을 보내지 않을 때마다 내 동기의 바탕이 사랑에서 성취지향으로 교묘하게 되돌아간다. 하나님은 내게 바로미터를 남겨놓으셨다. 애쓰고 통제하려하고 방어하려는 모습이 다시 부활할 때, 우리는 우리와 주님과의 거리를 알 수 있게 된다. 아마도 하나님은 천국의 이쪽 편(이생)에서는 성취지향성을 완전히 가져가지는 않으실 것이다. 그리고 의심할 바 없이 마음이라는 금강석에는 여전히 딱딱하고 거칠며 다듬어지지 않은 훨씬 많은 측면이 있다. 그러나 연속선상에 있음에 주목하라. 마음이 부드러워짐에 따라 하나님은 거의 죽을 뻔하게 다친 사고에서, 사고가 날 뻔함으로, 또 다른 이의 인생의 간증 속의 비유로 주어지는 꾸지람의 말로 점차 더 부드럽게 나를 다루실 수 있으셨다. 이것이 이스라엘의 타락을 다루는 구약의 하나님의 방법에서 신약의 예수님의 사랑으로의 변화에 관해 뭔가 계시하여 줄 수 있지 않을까? 이것이 우리 자신의 삶에 대해 무언가를 설명할 수 있지 않을까? 우리의 완고하고 믿지 않는 마음이 들을 수 있다면 얼마나 인생이 더 쉬워지겠는가?

그것이 변화의 일이며 신자의 마음 내면의 회개치 않은 무수한 영역에 새로움과 신선함으로 다가가는 복음화 작업의 토대이다.

어떻게 성취지향적인 사람을 변화시킬 수 있을까? 쉽지 않다. 육체의 악한 습관은 완고하다. "이러므로 우리에게 구름같이 둘러싼 허다한 증인들이 있으니 모든 무거운 것과 얽매이기 쉬운 죄를 벗어 버리고(RSV에선 '가까이 들러붙는') 인내로써 우리 앞에 당한 경주를 경주하며"(히 12:1). 성취지향성 때문에 우리가 많은 선한 일을 하므로, 성취지향성을 죄라고 생각하는 데에 익숙하지는 않지만, 그것은 정녕 죄이다.

먼저 성취지향성이 죄라는 사실을 보도록 도와야 한다. 이에 대해 얘기해 보라. 이 책을 사용하라. 들을만한 테이프를 주라(우리 엘리야의 집에서는 존과 폴라의 두개의 테이프 '성취지향성'과 '성취지향성에 대해 죽기', 그리고 로렌의 '성취로부터의 자유'를 사용한다).

그는 성취지향성을 몇 개의 작은 사건들이 계속된 것이나 자기 본성의 사소하고 특이한 부분으로 간주해서는 안 된다. 대신 퍼지지 않던 암이 존재와 행함의 모든 면에 촉수를 뻗치는 것으로 보아야 한다. 그는 이것을 몇 개의 독립된 작은 결점으로서가 아니라 자신의 전 생애의 기초의 중심으로 보고, 미워해야 한다. "악을 미워하고"(롬 12:9). P.O.는 우리 자아의 왕국에서 중심구조이다!

희랍어의 metanoia에서 온 회개란 단어는 변화를 의미하며, 돌아서서 다른 길로 간다는 것을 뜻한다. 성취지향성과 같은 구조는 우리 안에 자체적인 생명력을 갖는다. 우리는 하나님의 형상으로 창조되었고 우리가 우리 안에 창조하는 모든 것은 자체적으로 생명이 있어서 죽기를 원치 않는다. 우리 안의 악한 습관은 연막과 변명거리를 늘어놓는다. "아 그래요, 당신도 같은 일을 했군요." 내지는 "그다지 깔끔하지 않군요"라는 식으로. 로렌은 죄책감을 안고 집으로 오곤 했는데, 우리가 그 이유 중 몇 가지를 알고 있음을 알고는 자신이 한 열 가지 일 중에 두세가지를 고백하곤 했다. 그는 기분이 좋아져서 그의 양심에 있는 나머지 일곱 여덟 가지를 얼버무릴 수 있었다. 우리가 그걸 알아내기 전까지는, 로렌은 가장 정직하고 충실하게 회개하는 아들로 간주되었다. 마찬가지로 우리 자신의 내적존재는 우리가 좇아가도록 금사과를 던져대면서 죄의 진짜 본성은 제어되지 않은 채 남아 있다(그리스 신화에 나오는 프쉬케(psyche)를 내적존재로 비유). 상담자는 불독의 집요함과 쇠로 된 정의 관통력을 가져야 한다. "그러나 이스라엘 족속은 이마가 굳고 마음이 강퍅하여 네 말을 듣고자 아니하리니 이는 내 말을 듣고자 아니함이니라. 내가 그들의 얼굴을 대하도록 네 얼굴을 굳게 하였고 그들의 이마를 대하도록 네 이마를 굳게 하였으되 네 이마로 화석보다 굳은 금강석같이 하였으니 그들이 비록 패역한 족속이라도 두려워 말며 그 얼굴을 무서워 말라 하시고"(겔 3:7-9).

성취지향성과 같은 구조들은 자체 내에 보상체계가 있다. 그 보상을 좋아하는 한 우리는 변하지 않을 것이다. 한번은 내(존)가 특정한 죄를 짓지 않기 위해 계속 애쓰고 애쓰면서 문제를 놓고 거듭해서 기도했지만, 결국에는 다시 저질렀다. 마침내 하나님께 화가 나서 소리쳤다. "왜 이 문제를 도와주시지 않는 거죠?"

하나님은 즉시, 간결하게 대답하셨다. "너는 아직 충분히 역겨워하지 않는다." 미움이 아직 충분히 무르익지 않았다. 그리고 하나님은 내게 말씀하셨다. "넌 여전히 그 일을 즐기고 있어."

"아닙니다. 전 미워해요."라고 나는 반박했다.

"아들아, 네가 몹시 싫어한다면 그걸 중단했을 거다. 넌 즐기고 있어."

이 일로 실상은 죄를 즐기는 나의 숨은 방식이 무언지를 자문하게 되었다. 주님은 내면에 어떤 고름 주머니에서 다른 주머니로 숨은 즐거움을 운반하는 핏줄이 미로처럼 숨겨져 있음을 보여주기 시작하셨다. 예를 들어 폴라에게 침묵하고 차갑고 무뚝뚝하게 구는 죄가 있다면, 그 한 가지 단순한 사건 뒤에는 다음과 같은 것들이 있었다: 비판적인 어머니에게 벌주는 즐거움, 다른 이를 골려주며 갖는 내가 힘이 있다는 느낌, 타인을 괴롭히는 악한 재미, 폴라가 불쌍하게도 나처럼 '크리스천답게 절제' 하지 못하고 통제력을 잃고 분노를 터뜨리는 동안 냉정함을 유지하는 숭고한 순교자가 된다는 상상, 인정하기는 싫지만 폴라에게 복수하려는 감정, 지배와 통제, 남성 우월주의 등. 우리는 한 가지 단순한 죄 이면에 있는 거의 끝없는 즐거움의 목록을 만들 수 있다. 그러한 보상이 내 마음의 숨은 통제센터에 폴라나 하나님보다 더 의미가 있는 한 내가 그런 보상을 포기할 것 같지는 않다. 하나님께 대항하여 쌓아올린 자아를 제대로 그리고 충분히 맹렬하게 미워하게 되는 것은 주님께로부터 오는 독특한 선물이다. 나는 진정한 회개에 이르기 위해 내 육적인 의지로 죄를 충분히 미워할 수 없음을 곧 깨달았다. 나는 부패함 속에 무기력하게 서 있었다. "만물보다 거짓되고 심히 부패한 것은 마음이라 누가 능히 이를 알리요?"(렘 17:9) 라틴어 파생어인 '절박한(desperate)'이란 '희망없는' 무기력함을 의미한다.

회개는 회개하지 않고 회심하지 않은 마음의 부분에 다다르는 사랑의 은사에서 태어난다. 진정한 사랑이 허용되거나, 방어한 영역이 결국에는 만져져야 변화될 수 있다. 우리는 반복해서 의지의 돛을 결연히 올려 (상담하러) 출범하지만, 보통 한번 삶의 바람이 바뀌면 우리는 맞바람을 받으며 나갈(tack) 수가 없어서 바람을 등지고 나간다(attack). 폴라와 나는 많은 책임감을 느껴 우리 마음에 수천 명을 품으며(빌 1:7) 그들의 속 깊은 곳에 있는 필요를 다루기 위해 애쓰다 지쳤지만, 결국에는 하나님께서 가장 있을법하지 않은 상황(시속 40마일의 바람 속에서 자전거를 타고 간다든지)이나 불가능한 사람(머리가 비상한 교수를 어루만진 몽골인처럼)을 사용하시도록 내어 맡겨야함을 발견하게 될 뿐이다. 마침내 우리는 하나님께서 다른 이의 마음을 어루만지실 것이라 믿는 법을 배웠고(고전 13:7, '사랑은 모든 것을 믿고'), 주님께서 우리를 통해 다른 사람을 만지길 원하실 경우에 그 (상담의) 자리에 있기를 배웠다.

상담자는 기꺼이 인내로 참고 견뎌야(고전 13:7, '사랑은 모든 것을 참고') 한다. 왜냐하면 내담자가, 마치 전에 언급한 술취한 남편처럼, 거듭해서 시험할 수 있기 때문이다. 우리는 그리스도 안에서 어떤 사랑스런 젊은 여성의 부모가 되었는데, 그녀가 우리 마음을 계속해서 비틀어 댔다. 어느 날 그녀가 나(존)에게 상담을 받으러 왔다. 이전에는 철저하게 도덕적이었던 그 소녀는 그녀의 처음 있는 간통관계에서 최근에 있었던 성적 경험을 생생하고도 자세하게 이야기하며 반짝이는 눈빛으로 내 얼굴을 지켜보았다. 내 눈과 얼굴에서 슬픔을 지울 도리가 없었다. 하지만 나는 용서를 베풀고 내가 여전히 그녀를 사랑하며 여전히 그녀의 '아버지'임을 보여줬다. 이 슬픔은 무엇보다도 내가 그녀를 진정으로 사랑한다는 것을 말해 주었다. 그 사랑과 슬픔으로 인해 그녀는 처음으로 우리의 죄가 어떻게 예수님을 슬프시게 하는지, 그리고 율법때문이 아니라 사랑의 우리 주님을 상처주지 않기 위해 우리가 죄짓지 않는다는 것을 알게 되었다. 나의 용납과 지속적인 무조건적 사랑이 그녀의 성취지향성을 부수었고, 그녀가 아무리 제멋대로 행동하고, 죄짓고 상처주어도 여전히 사랑받는다는 것을 말해 주었다. 그녀 눈의 반짝임은 나를 시험하기 위해서였다(그리고 앞서 내가 폴라를 벌줄 때 나열한 것과 같은 사악한 즐거움 때문이기도 했다). 그 모든 죄가 필요하건 필요치 않건 간에, 주님은 이것을 사용하셔서 그녀의 마음을 어루만지시고 그녀를 변화시키셨다. 그 순간 이후로 그녀는 어린 청춘 같았던 이십칠 세에서 오늘날 사랑스런 숙녀로 성숙하였는데, 그녀는 여전히 '딸' 이면서 또 다 자란 친구이기도 하다.

　상담자는 성취지향적인 사람과 함께 기도해야 하며 사랑과 용서로 내면의 아이에게 다가가야 한다. 그러한 사람 안에는 자신의 부모가 진정한 진제성과 안전감을 발견토록 하는 사랑을 주지 못해서 생긴 숨은 원망이 있다. 상담자는 내담자가 큰 소리로 성취지향성의 모든 구조를 내어버리도록 권면해야 한다. 이것은 무슨 마술이 아니다. 그 기도가 바로 그때 그 자리에서 성취지향성을 제거하지는 않을 것이다. 그러나 이것은, 마음에 도달하기 위해서라면 주님께 시속 40마일의 바람이나 필요한 무엇이라도 보내셔도 좋다고 허용해 드리는 것이다.

　상담관계가 지속되고 내담자가 상담자를 좀더 가까운 관계에 있는 사람으로 받아들이면, 신뢰와 익숙함이 증대되어 약간 놀랄만한 형태의 치료가 허용되기 시작한다. 성취지향적인 사람은 지나칠정도로 심각하다.

유머와 코메디를 충분히, 자유롭게 느끼지 못한다. 성취지향자가 허용하는 유일한 농담이란 성취 못하는 무능력에 대해 유감스레 빈정거리는 것이다. 폴라가 그러했듯이 그는 우리 소그룹이 '흉악한 웃음'이라고 부른 것 – 실패감을 가리기 위해 당혹스러워하며 웃는 법–을 할지도 모른다. 성취지향적인 사람은 농담을 이해하지 못하는 것으로 유명하며, 'Keystone Cops(키스톤의 경찰들)'라는 영화에서처럼 권위의 콧대가 꺾일 때만 배꼽을 잡으며 웃기 쉽다. 성취를 강요하는 권위에 대한 억압된 불안과 분노가 그러한 코메디에 의해 발산되는 것이다. 현명한 상담자라면 관계가 감당할 수 있게 되면 바로 놀림과 조롱을 사용하기 시작한다. 그는 성취지향적인 사람이 스스로에게 웃도록 하고, 인생과 자신을 너무 심각하게 받아들이지 않는 것을 배우도록 권유한다.

크리스천 상담자는 의도적으로 다른 사람의 '고상함'에 충격을 주기 위해 노골적인 어떤 말을 할 수 있다. 그러한 삶의 스타일을 권장해서가 아니라 가끔씩 주어지는 약으로 말이다. 하나님은 매우 예의바른 신학생인 나를 시카고 거리로 보내서 밤에 택시를 운전하게 하셨다. 이는 나의 긴장된 본성에 아주 좋은 약이 되었다. 대학의 남학생 사교클럽이 내게 좋았다. 람다 카이(역자주: 사교클럽의 이름)가 나의 지나치게 경직된 도덕성을 알게 되는 데에는 오랜 시간이 걸리지 않았다. 하나님께서는 그들의 놀림과 조롱을 나의 유익을 위해 사용하셨다. 나는 전날 밤 있어야 했던 연애 모험담에 대해 나를 놀렸던 그날 밤을 지금도 기억한다. 나는 항변했다. "아니 그러지 않았어. 나는 9:30에 잠들었어." 그러자 몇몇 익살꾸러기들이 이렇게 응수했다. "아, 그리고 12:30에 다시 일어나서 집으로 갔지." 온 집이 왁자그르르 웃었고 나조차도 웃을 수밖에 없었다. 내 자신에 대해 웃고 다른 친구들이 그들 마음에 있다고 아는 것처럼 내 마음에도 죄가 있음을 인식하게 되는 이런 형태의 하나님의 처방약이 내게 얼마나 좋았는지. 이 일로 나의 안전감이 긴장된 행위에서 하나님의 은혜로 옮겨지기 시작했다. 상담자는 주의깊게 관찰하여 성취지향적인 개인을 놀리고 조롱하는 것을 사용해야 한다.

신뢰가 증가되고 상담자가 자신을 진정으로 사랑한다는 것을 내담자가 받아들일수록 빈정댐과 냉소가 건강한 도구가 될 수 있다. 내담자가 주간의 사건들을 얘기할 때, 내(존)가 끼어들어서 "오, 그건 고상하지 못한데"라든가 "세상에, 이런 순교자가!"라고 말하는 등 가상의 바이올린을 연주한다(역자주: 빈정거린다). 내 미소와 함께함으로 안심시키고 그의 의문스런 표정에 대답하기도 하고, 아니면 내가 왜 그것을 했는지를 자세하게 설명하기도 한다. 다음번에는 한번 쳐다보거나 말하기만 해도 내담자가 히죽거리며 "오, 내가 또 그랬군요. 그렇죠?"라고 말한다. 얼마 후에는 눈썹만 치켜 올리거나 미소만 지어도 내담자는 자기 자신을 점검한다. 종국에는 내가 아무것도 안 하고 내담사가 스스로의 거울에 비춰보고 스스로 반복해서 자신의 수법을 알아내는 것을 지켜보기만 한다.

점차적으로 상담관계가 변한다. 의존관계에서 독립된 관계로, 고백을 받고 코치하는 사람에서 방문하는 친구로, 우월자에서 동등자로 변한다. 그러한 패턴은 모든 상담관계에 적용되지만, 특히 성취지향적인 사람과의 관계에서는 이것이 진보의 표시이다. 성취지향자는 무의식적으로 상담자가 전제군주가 되는 것을 원할는지 모른다. 만약 상담자가 무얼 해야 할지를 말하기만 한다면 내담자는 상담자를 위해 잘 하는 것을 편안해 할 수도 있지만, 그는 변화하지도 성장하지도 못할 것이다.

상담자는 내담자가 자신의 선택으로 실제적인 무언가를 했거나 독립적으로 자신의 선택을 표현하거나, 통제하거나 책임감에서가 아니라 사랑이라는 올바른 동기에서 행동했을 때 이를 인정해주는 방법을 찾아야 한다. 소녀가 반짝이는 눈으로 고백한 것이 내게 크고 통절한 고통을 주었다. 내 마음을 아프게 했던 것은 그녀가 간통했다는 사실만이 아니라 그것이 성취지향을 떠나 스스로 한 바로 첫 번째 일이라는 점이었는데, 나는 칭찬이나 인정하는 말을 할 수 없었고 꾸짖어야 했다. 그녀가 내 눈에서 상처를 보고 물었을 때에 우리는 내 자신의 감정에서 바로 교차되는 이것에 관해 이야기했다. 그녀에게는, 그녀 아버지가 했을 것처럼 자신에게 진정으로 대하는 내가 필요했다.

최근에 오래전 깊은 우울증에 빠졌던 한 여인이 나(존)를 찾아왔다. 상담과 기도를 통해 그녀는 우울증에서 빠져나왔다. 나는 그녀를 수년간 보지 못했다. 그녀가 내게 전화하여 딸이 이탈리아 혈통에서만 유전되는 특이한 병을 가진 것으로 최근 진단받았다고 말했다. 그녀는 의사가 그녀의 딸에게 절대 이탈리아인과 데이트하지도 말라고 경고했다는 사실이 의아하다고 말했다. 그녀는 그 특이한 질병이 자신이 수년간 고생했던 깊은 우울증을 일으킬 수도 있다고 말했다. 그녀는 내가 어떻게 그리스도 안에서 세대간에 내려오는 죄를 끊는지 안다는 것을 알기에 기도해 달라고 부탁했다. 그녀의 말과 목소리를 통해 나는 확신과 믿음을 느꼈고, 과거였다면 두려움과 우울에 빠지게 하는 모든 일들에 대해, 이제는 믿음으로 이 시험을 어떻게 잘 극복하고 있는지를 그녀에게 즐거운 마음으로 지적해 주었다. 그녀는 기뻐했고 나의 인정해줌으로 인해 믿음 가운데에 굳건해졌다.

상담자는 성취지향적인 사람이 칭찬에 좌우되도록 조건화되었음을 알아야 할 필요가 있다. 우리는 사람을 조종하기 위해 과도하게 칭찬해서는 안된다. 그렇게 하면 그들은 분노하고 불신한다. 그들은 우리에게 과도한 칭찬을 원하지 않는다. 그들이 필요로 하는 것은 진정한 변화를 기뻐해주는 것이다. 그들에게는 그러한 긍정과 후원이 필요하다.

마침내 상담자는 방문하고 웃고 농담하는 친구가 된다. 상담자는 내담자가 자유하도록 관계를 끊어야 한다. 새로운 관계가 이루질 수 있기 위해 상담관계는 죽어야한다. 상담자는 내담자를 너무 일찍 떠나보내지 않을 뿐 아니라 그들이 '애굽으로 돌아가지' 않도록 민감해야 한다. 만약 상담자가 충분히 값없이 주는 사랑을 주고 용납한다면, 보통 내담자가 스스로 상담관계를 끊는다. 올리비아 드 하빌랜드가 출연한 영화 '뱀의 구덩이(Snake Pit)'에서 그녀가 마침내 정신과 의사에게 "제가 선생님을 이젠 더 이상 사랑하지 않지요, 그렇죠?"라고 말했듯이. 그리고 의사는 이렇게 말했다(실제 한 말이 이렇지는 않았다 해도 의미상으로는) "예, 하시만 우린 친구쇼."

제 4 장 법의 토대
The Base of Law

제3장에서 우리는 하나님에게서 나오지 않은 동기를 어떻게 하나님 탓으로 돌리는지에 대해 썼다. 이런 일은 하나님과 법에 대한 두려움이 있을 때 더욱 그렇다. "사랑 안에 두려움이 없고 온전한 사랑이 두려움을 내어 쫓나니 두려움에는 형벌이 있음이라 두려워하는 자는 사랑 안에서 온전히 이루지 못하였느니라"(요1서 4:18). 어린시절 훈육을 두려워하고 권위에 대해 몰래 원망했다면, 섬김과 거둠의 법칙, 훈육과 보응의 법칙과 같은 일반적인 법을 개인적인 처벌이나 복수와 혼동할 수밖에 없다. 상담자는 하나님의 모든 법이 (예수님을 제외하면) 인류에게 주실 수 있는 최상의 사랑의 선물임을 마음으로 확실히 알아야 한다. 법은 사랑으로 행하는 방식이나 사랑이 아닌 행동을 서술한다. 심은 악의 씨를 거두는 것은 비인격적인 일이지, 개인적인 처벌이나 복수, 앙갚음과는 아무 상관없다(우리의 첫 번째 책인 〈엘리야의 임무〉의 8, 9, 10장을 보라). 어린시절의 훈육에 대해 순수한 마음을 갖지 않으면 하나님을 이해

여호와의 율법은 완전하여 영혼을 소성케 하고 여호와의 증거는 확실하여 우둔한 자로 지혜롭게 하며 여호와의 교훈은 정직하여 마음을 기쁘게 하고 여호와의 계명은 순결하여 눈을 밝게 하도다 여호와를 경외하는 도는 정결하여 영원까지 이르고 여호와의 규례는 확실하여 다 의로우니 금 곧 많은 정금보다 더 사모할 것이며 꿀과 송이꿀보다 더 달도다 또 주의 종이 이로 경계를 받고 이를 지킴으로 상이 크니이다 시 19:7-11

할 수 없기 때문에, 하나님 아버지가 주신 모든 법을 인간이 축복 가운데 살라고 주신 것으로 알고 진정으로 고마워 할 수 없게 된다.

하나님은 우리가 행복하길 원하신다. '하지 말지니라' 라는 명령의 배후에는 축복의 길 안에 우리의 행복을 보호하려는 목적이 있다. 하나님은, 누군가가 줄밖으로 나오면 늘씬하게 패주려고 하늘에서 무서운 매를 들고 서 있는 완고하고 엄격한 분이 아니시다. 그분은 모든 사람과 자연을 위해 질서있는 우주를 만드셔야 했다. 우주는 필연적으로 바뀌지 않는 원칙 위에서 운행되어야 한다. 우리가 죄를 지을 때 돌이킬 수 없는 힘을 작동시킨다. 하나님은 이를 아시기에 "세상을 이처럼 사랑하사 독생자를 주셨으니"(요 3:16) 이는 우리가 멸망하지 않게 하려 하심이다.

용서란 하나님이 딴 데를 보신다는 말이 아니다. 용서란 율법의 공의적 요구가 주 예수 그리스도의 귀한 몸이 겪으신 고통으로 인해 충족되었음을 뜻한다. 이것은 율법을 폐하러하심이 아니라 완전케 하려 오신

(마 5:17) 예수님의 방법이다. 그는 겟세마네에서 우리와 같이 되셨기에 우리가 작동하게 한 모든 것들의 법적 요구를 골고다에서 다 짊어지실 수 있었다(골 2:14). 그럼에도 불구하고 우리가 고백해야 그 구원의 효과가 있는 경우가 종종 있고, 그렇지 않으면 우리가 심은 결과를 모두 거두게 된다. 상담자가 필요한 분명한 이유가 바로 여기에 있다. 왜냐하면 대부분의 경우 누군가가 도와줘서 성령님이 우리에게 계시하시도록 하지 않으면 우리는 고백해야 할 죄를 알 수 없기 때문이다(약 5:13-16).

만약 상담자가 분명하고 확실하게 보응의 법을 안다면, 마찬가지로 해방시키는 보혈과 십자가의 능력을 분명하게 알 것이다. 그는 하나님의 말씀에 따라 용서를 선포할 때, 그렇게 되지 않을까하는 한줌의 두려움도 없다. 절대적인 확신을 갖고 그 순간 예수의 보혈이 상대방을 깨끗케 함을 안다. 한 순간도 그것이 일어날까 의문시하며 불안해하지 않는다. 이루어졌고, 끝났으며, 이 땅에서나 영원히 변하지 않는다.

> 나의 자녀들아 내가 이것을 너희에게 씀은 너희로 죄를 범치 않게 하려 함이라 만일 누가 죄를 범하면 아버지 앞에서 우리에게 대언자가 있으니 곧 의로우신 예수 그리스도시라 저는 우리 죄를 위한 화목제물이니 우리만 위할 뿐 아니요 온 세상의 죄를 위하심이라 요1서 2:1-2

> 너희가 뉘 죄든지 사하면 사하여질 것이요 뉘 죄든지 그대로 두면 그대로 있으리라 하시니라 요 20:23

"주님이 얼마나 거룩하고 복된 능력을 크리스천 모두에게 주셨는가!"

각자는 전권을 가진 대사이다(고후 5:20). 만약 그런 대사가 약속이나 조약으로 국가에 의무를 지우면, 국가 전체는 전쟁이나 평화로 나아가게 된다. 하늘은 가장 작은 크리스천이 말한 용서의 기도에 응답하여 움직인다. 그 결과는 그것이 일어나길 바라는 믿음이 얼마나 충분한가에 달려있지 않다. 하나님의 말씀은 거짓말하거나 실패할 수 없다. 성공이 그 기도를 하는 사람에 달린 것이 아니다. 성취되는 것은 하나님께 달려있으며, 그분은 단 한번에 "다 이루었다"(요 19:30)고 선포하셨다. 용서의 선포에 관해서는 치유의 거장이건 그리스도 안의 갓 거듭난 자이건 차이가 없다. 하나님은 사람을 외모로 취하시지 않고(롬 2:11), 십자가에서 행하신 그분의 아들의 사역과 공로로 취하시기 때문이다. 하나님의 아들이 십자가에서 이루신 하나님의 죄의 용서보다 더 확실한 것은 하늘에도 땅에도 없다.

그러나 20세기 문화에서 가장 이상한 역설 중의 하나는 과학과 도덕 법칙에 대한 우리의 태도이다. 그렇기에 크리스천 상담의 기초가 되는 법의 질대성에 대한 우리의 태도도 모순적이다. 오늘날에는 여태 알려진 모든 역사상의 과학자들보다 더 많은 과학자들이 살아있다. 그래서 제2차 세계대전 이후로 많은 발명과 새로운 기기, 우주여행 등이 생겼으며, 지난 수세기 동안 꿈꾸지도 못한 변화들을 지난 35년간 동안 겪었다. 예언(단 12:4)처럼 지식이 단지 증가하기만 한 것이 아니라, (우리의) 시야를 확 벗어나 버렸다. 밀턴 시대의 사람은 알려진 모든 분야의 모든 것을 배우지 못해 한탄할 수 있었지만, 오늘날에는 한정된 한 분야의 전문가일지라도 일부러 지속적인 갱신과정을 밟지 않으면 자신의 지식이 십년 내로 크게 부족하고 뒤처지게 됨을 알게 된다! 우리의 비행기는 제도판을 떠나기도 전에 구식이 되어버린다. 이 모든 것은, 인류가 자연의 사물을 연구하면서 어떤 것들은 영원히 자연법칙의 제한을 받는다는 것을 겸손히 인정했기 때문에 가능했다. "주님께서 땅의 모든 경계를 정하시고"(시 74:17). 모든 인류, 특히 모든 과학자들이 아주 신중하게 자연법칙에 순종했기에 로케트가 쏘아 올려져 정확하게 목성을 지날 수 있었다. 물론 제대로 하기위해서 컴퓨터의 도움을 받지만 말이다.

만약 조종사가 "나는 자유로운 사상가야. 내 생각엔 이 비행기를 뒤집어서 풀밭 위에 착륙시킬 수 있을꺼야"라고 말한다면, 우리는 단지 그의 '자유로운 생각'을 존중하지 않을 뿐 아니라, 그가 조종하는 비행기에는 아무도 타지 않을 것이고, 만약 그가 그렇게 하겠다고 고집부리면, 그를 정신병원으로 보낼 것이다. 과학적으로 볼 때, 자유는 방종을 의미한다고 이해될 수 없다. 모든 차는 마땅히 제대로 된 원칙 하에 설계되고 제작되어야 할 필요가 있다. 우리가 거주하고자 하는 집의 건축은 모두 엄격하게 건축법을 따라야 한다. 우리가 송축하는 오늘날의 모든 기술발전이 가능했던 것은 정확하고 불변하는 자연법칙을 발견하고 이를 따랐기 때문이라는 것이 맞는 말이다. 법칙을 아주 잘 따르는 것이 ipso facto(사실상) 모든 세대에서 가장 과학적인 것이며, 자연법칙을 따르는 것은 모든 과학의 sine qua non(필수조건)이다. 복종하지 않으면 아무 것도 할 수 없다!

자연 과학에 관해서는 매우 겸손하고 복종적인 세대를 살고 있음에도 불구하고 우리는 마음과 영을 관장하는 법칙에 대해서는 매우 교만하고 미혹된 태도를 갖고 있다! 우리 마음이 동일하게 "우리가 어떻게 이토록 바보가 되었나!"라고 외치기만 했다면 철학과 의미론에 어떻게 그런 혼란이 일어났는지 역사적으로 밝혀낼 수 있을 텐데.

> 사람들은 하나님을 알면서도, 하나님을 하나님으로 영화롭게 해드리거나 감사를 드리기는커녕, 오히려 생각이 허망해져서, 그들의 지각없는 마음이 어두워졌습니다. 사람들은 스스로 지혜가 있다고 주장하지만, 실상은 어리석은 사람이 되었습니다 롬 1:21-22

교회라는 제한된 범위의 밖에 있는 인류는 굴레를 벗어버렸다. "세상의 군왕들이 나서며 관원들이 서로 꾀하여 여호와와 그 기름 받은 자를 대적하며 '이 족쇄를 벗어 던지자. 이 사슬을 끊어 버리자!'"(시 2:2-3) 많은 사람들은 알려진 모든 도덕 법칙이 사람의 생각에서 나온 작품이거나, 기껏해야 상대적일 뿐이라 생각한다. 과학적으로 상대성이론에는 결코 도덕법칙을 경시하는데 이를 이용하라는 의도가 전혀 없다. 상대성이론이 의미하는 바는, 법칙이 주어진 자신의 공간 안에서 제대로 작용한다는 의미에서 상대적인 것이지, 그 법칙이 주어진 상황에서 제대로 지켜지지 않음을 의미하지 않는다. 아무리 위대한 과학적 상대주의자라 할지라도, 높은 곳에서는 중력의 법칙이 자신에게 적용되지 않는다고 감히 말하지 않는다. 다만 중력의 법칙이 다양한 상황 속에서 다르게 작용할 뿐이다. 그러나 우리는 어리석게도 "간음하지 말지니라"라는 말이 상대적일 뿐이고 '지킬 필요가 없는 것'이라고 믿게 되었다. 자연의 상호작용하는 다른 영역에서는 강제적인 법칙이 작용하다고 알면서, 어떻게, 예를 들어 인간의 성교에 마찬가지로 불변하고 엄중하며 돌이킬 수 없는 법들이 있음을 모르는가!

우주는 법을 따른다. 물리학자라면 모든 작용에는 똑같은 반작용이 있음을 안다. 화학자라면 모든 공식이 평형을 이룬다는 것을 안다. 아무리 흐리멍텅한 성(性)변태도 생명이 정자와 난자에서 시작함을 안다. 사람에 관련된 자연법칙은 어떤 질문도 용납하지 않은 채 절대적이고 쉼 없이 작용함을 우리가 안다. 견딜 수 있는 이상으로 숨쉬지 않는 사람은 살 수 없다. 우리는 먹어야 한다. 자야한다. 이는 절대적인 법칙이다. 어떤 것도 이를 변화시키지 않는다. 우리에게는 이쯤은 아는 분별력이 있다.

그럼에도 불구하고 폴라와 나는, 때때로 거짓말하고 속이고 훔치고 다른 사람과 자는 일을 해도 아무 일이 일어나지 않는다고 생각하는 수많은 하나님의 말씀의 설교자들을 사역했다! 아그네스 샌드포드는 이렇게 말하길 좋아하곤 했다. "만약 당신이 절벽에서 한발짝 떼기만 하면, 당신이 중력의 법칙을 폐하는게 아니라 그 법칙을 보여주게 됩니다." 하나님의 법칙은 어떤 것도 폐할 수 없다! 그분의 법칙은 보응의 작용을 하는데, 이는 우리가 이 사실을 알 건, 마음으로 무시하건, 지키지 않기로 선택하건, 좋아하건 싫어하건, 원하건 미워하건, 법칙과 하나님을 믿건 아니건 상관없다. "스스로 속이지 말라 하나님은 만홀히 여김을 받지 아니하시나니 사람이 무엇으로 심든지 그대로 거두리라"(갈 6:7).

우리 조상의 지혜에 대해 의구심을 가져보자. 하나님이 진실로 십계명을 말씀하셨는지 아닌지에 의문을 가져보자. 원한다면 인류의 전 종교사를 잊어버려라. 성경과 코란과 리그베다(역자주: 인도 최고의 성전(聖典))를 모두 무시하라. 이러한 것들 없이도 사람이 인간과 자연의 존재하는 모든 영역을 법칙이 통제함을 알면서도, 영적 도덕적 문제에 관해서는 똑같이 법칙의 불변성이 적용됨을 암시적이라도 알 수 없다고 생각하는 것이 우리를 소스라치게 놀라게 하지 않는가?

> 하나님의 진노가 불의로 진리를 막는 사람들의 모든 경건치 않음과 불의에 대하여 하늘로 좇아 나타나나니 이는 하나님을 알 만한 것이 저희 속에 보임이라. 하나님께서 이를 저희에게 보이셨느니라. 창세로부터 그의 보이지 아니하는 것들 곧 그의 영원하신 능력과 신성이 그 만드신 만물에 분명히 보여 알게 되나니 그러므로 저희가 핑계치 못할지니라 롬 1:18-20)
> 첨언하면 지구상에 있는 모든 주요 종교에는 십계명에서 볼 수 있는 것과 같은 기본 법칙이 있다. 하나님은 어느 세대 어디에서나 자기를 증거하지 않으신 것이 아니다 행 14:17)

만약 내가 중력의 법칙으로 비가 내리고, 또 (오래 전 고대인조차 정밀하게 스톤헨지(Stonehenge)를 만들어 지금도 여전히 해의 운행을 아주 정확하게 예측할 수 있을 정도로) 일월성신의 운행이 (예나 지금이나 똑같이) 성확함을 볼 때, 하나님께서 영의 생명과 그에 따른 도덕적, 윤리적인 관계도 똑같은 정확함과 법칙으로 세우려 주의를 기울이셨다고 생각하는 것이 비이성적인가?

확고하게 화학법칙에 따라 연료탱크를 채우고 약을 먹으면서도, 우리가 벌을 받지 않고도 거짓말하고 훔치고 간음할 수 있다고 생각한다는 것이 얼마나 모순적인가! 이는 과학적으로나 철학적으로도 말이 되지 않는다, 아니 거창한 말을 잊어버리자. 우리가 가끔 하는 짓은 상식에도 맞지 않는다!

자기 생각에 조금이라도 일관성을 갖는 사람이라면 간단한 비교를 할 수 있어야 한다. 만약 비행기가 자연 법칙에 따라 날아야 한다면, 결혼 역시 윤리적이고 도덕적인 법칙에 따라 '날아'야 한다. 왜 현대인이 이런 것도 모를만큼 모순적이고 어리석은지 내게 얘기해 줄 수 있는 사람이 있는가? 단순하고도 무서운 사실은, 우리가 그렇게(모순적이고 어리석게) 되었다는 것이다.

"그들 가운데 이 세상의 신이 믿지 않는 자들의 마음을 어둡게 하여 하나님의 형상이신 그리스도의 영광스러운 복음의 광채가 그들에게 비치지 못하게 하느니라"(고후 4:4, 흠정). 복음에 대해서만 어둡게 된 것이 아니라, 이제는 수백만이 하나님의 법을 볼 수 없게 되었다! 분명 원수가 있다. 그렇지만, 어리석은 탓을 외부의 무엇엔가에 돌리지 않아도 될 만큼 우리의 육신은 충분히 어리석다. 루시퍼의 도움없이도 말이다. "그 생각이 허망하여지며 미련한 마음이 어두워졌나니"(롬 1:21). "또한 저희가 마음에 하나님 두기를 싫어하매 하나님께서 저희를 그 상실한 마음대로 내어 버려 두사 합당치 못한 일을 하게 하셨으니"(롬 1:28). "육신의 생각은 하나님과 원수가 되나니 이는 하나님의 법에 굴복치 아니할 뿐 아니라 할 수도 없음이라"(롬 8:7). 육체적 안락을 증진하고 배금주의적인 삶을 보장하는 자연 질서의 법칙에는 순종하지만, 책임을 묻고 거역적인 욕망을 제한하는 도덕법에 대해서는 자신의 욕망을 변명하고 발산하고자 도덕법을 부적절하고 상대적이며, 인간이 만들었다든지, 아니면 구닥다리라고 치부하기 원한다! 그리고 우리는 그 결과를 거둔다. 그리고는 과학적이고 기계적 법칙을 아는 세대를 살면서 왜 인생이 제대로 굴러가지 않는지 의아해 한다!

이 모든 사실을 말한 이유는 상담자에게 돌이킬 수 없고 타협할 수 없는 격언을 말하기 위함이다. 즉, 자신을 크리스쳔 상담자라고 부르는 사람은, 조금의 의심도 없이(약 1:6-8) 하나님의 도덕법이 절대적으로 철칙임을 알아야 한다. 죄는 죄이다! 법은 법이다! 사람이 죄짓는 동기를 이해하는 데에서는 조금이나마 동정하고 이해할 수 있을 뿐, 법칙 자체와는 아무 상관이 없다. 그리스도 안에는 정죄가 있을 자리가 없지만, 이 사실은 십자가의 자비 덕분이지, 결코 하나님의 법을 하나라도 약화시켜서 그렇게 되는 것이 아니다.

> 진실로 너희에게 이르노니 천지가 없어지기 전에는 율법의 일점 일획이라도 반드시 없어지지 아니하고 다 이루리라 마 5:18

> 천지는 없어지겠으나 내 말은 없어지지 아니하리라 마 24:35

> 그러므로 누구든지 이 계명 중에 지극히 작은 것 하나라도 버리고 또 그같이 사람을 가르치는 자는 천국에서 지극히 작다 일컬음을 받을 것이요 누구든지 이를 행하며 가르치는 자는 천국에서 크다 일컬음을 받으리라 마 5:19

상담자는 법의 확실성을 약화시키거나 제거함으로써 친절해지거나 비판주의를 면하는 것이 아니다. 만약 그렇게 한다면 상담자로서는 자격 미달이다. 비판주의적 경향은, 소위 '자유로운' 생각을 개발함으로써가 아니라, 자신의 죄를 깨닫고 그리스도 안에서 모든 비난에 대해 죽을 때 사라진다.

사람들이 하나님의 법을 공경하는 자리로 돌아올 날이 올 것이다. 지금은 아방가르드(전위파)들이, 어리석은 육신의 지혜가 하나님의 법보다 더 친절할 수 있다고 생각하며, 자신을 관대하고 고상하게 보이고 싶어하는 육신적 합리성의 시대이다. 그러나 "하나님께서 이 세상의 지혜를 미련케 하신 것이 아니뇨?"(고전 1:20) 그리스도의 빛이 일어나(사 60:1-2), 돼지 2,000여 마리 이상의 인간 정신이 바다로 쫓겨가고, 인류가 옷을 입고 정신이 온전하여 예수의 발아래 앉은 자리로 돌아가는 때(눅 8:26-39)가 되면,

> 보라, 한 왕이 의로 통치할 것이요 통치자들이 공의로 다스릴 것이라. 사람은 바람을 피하는 곳과 폭풍을 가리는 곳같이 될 것이요, 마른 땅에 흐르는 강같고 피곤한 땅에 있는 큰 바위의 그림자 같을 것이니라. 보는 그들의 눈이 침침하지 아니할 것이요 듣는 그들의 귀가 경청하리라. 조급한 자의 마음이 지식을 깨닫고 더듬거리는 자들의 혀가 분명하게 말하게 되리라. 천한 사람을 더이상 고상하다고 부르지 않을 것이며 야비한 자를 관대하다고 말하지 아니하리니 이는 천한 자는 비열하게 말하고 그의 마음은 죄악을 행하며 위선을 행하고 주를 거역하여 불경건함을 발설하며 주린 자의 혼을 공허하게 하고, 또 그는 목마른 자의 마시는 것을 못하게 할 것이기 때문이라. 야비한 자의 기구들은 악하도다. 그는 악한 계획을 써서 궁핍한 자가 바르게 말할지라도 거짓말로 가난한 자를 멸망시키는도다. 고상한 사람은 고상한 일들을 계획하나니, 그가 고상한 일들로 인하여 서리라 사 32:1-9 흠정

이 미혹된 세상에서는 아직도 바람둥이나 동성애자들이 소위 합리성이나 관대함이라는 기반 위에서 활보할 수 있다. 사람들이 인생 전체에 의지할 만한 든든한 기둥으로 뼈대를 대는 하나님의 빛나는 원리의 진리

에 눈뜨게 될 날이 올 것이다. 상담자는 절대 인간의 생각이나 자신의 어리석은 이론을 과시하는 사람들 때문에 굴하거나 위협을 느껴선 안된다. "누가 하나님을 만들었죠?"라든가 "그분 전에는 누가 있었죠?" 등의 대답할 수 없는 질문을 할 정도로 자라버린 어린 아이처럼, 우리의 조그만 생각이 무엇을 생각하건 간에 상담자는 어떤 것들은 영원불변함을 아는 충분히 겸손한 자리로 가야한다. 상담자의 생각은 하나님의 모든 말씀에 확고하게 자리잡고 안식해야 한다. 시편 119편이 상담자의 계속되는 언약의 노래가 되어야 한다. 그는 하나님의 법과 열정적인 사랑에 빠져, 주야로 이것을 묵상해야 한다(시 1:2).

누구라도 하나님의 말씀이 절대적이라는 것이 확실치 않고, 그분의 법이 계시에 의한 것이며 그분의 말씀이 진실이라는 것이 완전히 확실하지 않은 사람이 크리스쳔 상담을 하려고 한다면, 내(존)가 그 사람에게 간청하는 것이 이것이다. 더 많은 해악을 끼치기 전에 상담을 그만두어라! 이는 내 존재의 모든 것을 걸고 하는 말이다! 폴라와 나는, "관계를 맺어"라든지, "그렇게 죄책감을 느끼지 마", "그건 그냥 구닥다리 난센스일 뿐이야", "그런 것을 이제는 믿지 않지, 그렇지?"라는 식으로 누군가가 어리석게 상담해 주었기 때문에 삶이 더욱 파선하여 곤란에 빠진 수많은 사람들의 얘기를 들으며 크게 슬펐다. 그런 상담자들이 결산의 날에 받을 심판이 얼마나 큰가. "내 형제들아 너희는 선생 된 우리가 더 큰 심판 받을 줄을 알고 많이 선생이 되지 말라"(약 3:1). "그러나 나를 믿는 이런 어린 아이들 가운데 하나를 실족케 하는 자는 연자 맷돌을 그의 목에 걸고 깊은 바다에 빠지는 것이 더 나으니라. 실족케 하는 일로 인하여 세상에는 화가 있도다. 실족케 하는 일이 일어나는 것은 어쩔 수 없는 일이라 하여도 실족케 하는 그 사람에게는 화가 있도다!"(마 18:6-7).

크리스천 상담자 개인의 삶은 결함이 없어야 한다. 아마도 교회 안에서 어떤 직임보다 더 유혹받기 쉬운 자리이리라. 대신 아파하고 씨름하기 위해서 비밀스런 마음의 내면의 방에 들어가는 사람은, 내담자의 감정에 물들거나 때론 내담자의 걱정과 슬픔으로 인해 무거운 짐을 지는 일을 피할 수는 없다. 크리스천 상담자는 하나님의 말씀으로 어떻게 부담을 덜어내고 끊어버리는지 알아야 한다(크리스천 가정의 회복 중 18장 '끊어 버리기 또는 잘라내기'를 보라). "지혜도 보호하는 것이 되고 돈도 보호하는 것이 되나 지식이 더욱 아름다움은 지혜는 지혜 얻은 자의 생명을 보존함이니라"(전 7:12). 하나님의 말씀을 귀히 여기고 그리스도 안에서 영원히 자신을 하나님의 법과 결합하지 않은 상담자라면 누구나(사실 누구라도) 잠언 25:28(흠정) 말씀에 나온 사람과 같다. "자기의 영을 다스리지 못하는 자는 무너져 버린 성읍에 성벽이 없는 것과 같으니라."

경건의 삶을 사는 것이 상담자 자신에게 구원이다. 오직 주만이 마음과 영에서 오물을 씻고 무거운 짐을 들어 가져가실 수 있다. 자신을 통해 남에게 흘러가는 예수님의 사랑으로부터 생겨나는 법에 순종하고자하는 우리의 열망은, 생명의 샘에서 종종 새롭게 될 때(시 36:9, 표새)만이 계속 생겨날 수 있다. 하나님의 보좌에서 흘러나오는 사랑은 강과 같다(레 22:1, 시 46:4). 상담자가 법을 사랑하는 이유는, 사랑의 강이 수로를 따라 흐를 수 있도록 법이 든든한 제방이 되어주기 때문이다. 만약 상담자가 자신의 경건한 삶을 유지하지 못하면 강이 마르게 되고 마음이 메마르고 차갑게 되며, 법은 하나님의 사랑의 강을 위한 제방이기보다는 내담자를 징계하는 채찍이 될 것이다.

크리스천 상담자는 자신을 위해서 뿐 아니라 내담자의 안전을 위해서도 개인적인 도덕 생활에 비난거리가 없어야 한다. 30분이 안된 조금 전에(1980년 2월) 한 여성 내담자가, 이전의 자기 상담자가 지난 여름내내 다른 여성 내담자와 동침했다고 내게 말해주었을 때, 폴라와 나는 분노와 수치로 이를 갈았다. 그녀는 다시는 그에게 가지 않을 것이다. 그래서 그녀가 우리에게만 오려고 한 것이었다. 나는 이전에 똑같은 일을 했던 한 목사가 떠올랐다. 그는 사실 뭘 해야 할지 잘 아는 신뢰할만한 크리스천 상담자였는데. 그들에 대한 슬픔 때문에 내 마음이 아팠다. 그것이 인간인 내 마음을 그렇게 아프게 했다면, 우리 온유하신 주님의 마음에는 얼마나 깊은 슬픔이 되었을까? 어떻게 그분을 섬기면서 그분을 그토록 조금만 사랑할 수 있을까? 만약 법의 영원한 실체와 예수님이 십자가에서 지불하신 고통의 대가를 알지 못하다면, 사탄은 치고받는 난투(亂鬪)를 이용해서 우리 행동의 결과를 보지 못한거나 양심이 무디어질 때까지 우리의 눈에 가리개를 씌울 수 있다. 이들은 시작은 잘했어도 전투 가운데 주님으로부터 떨어져 나간 것이나. 그리고 그들은 눈멀게 되었다.

　그리스도의 몸 전체에 상담자의 부르심이 있다는 이 책의 주제 때문에 많은 이들이 기겁할 수 있다. 모든 사람이 다 심리학 훈련을 받는 것이 아니라는 대꾸는 옳다. 그러니까 조심스럽게 구별하자. 우리는 모든 크리스천이 다 심리학자여야한다고 말하지 않는다. 우리 중에 누가 심리학적 통찰력을 사용하면 이는 고마운 일이긴 하다. 하지만 우리의 토대는 다르다.

　심리학은 "Cogito, ergo sum", 즉 "나는 생각한다. 고로 나는 존재한다"라고 말한 프랑스 철학자 데카르트(1596-1650)에 기원을 두고 있다.

이는 우리의 인생이 우리가 불멸의 영과 혼을 갖고 있다는 사실보다는, 훈련받은 사고에 달려있다고 말한다. 그는 우리가 "tablula rasa", 즉 나뭇결 있는 하얀 종이여서 경험을 통해 성품과 인격이 그 위에 기록된다고 주장했다. 이와는 정반대로, 기독교 신앙은 하나님의 말씀에 따라, "Sum, ergo cogito" 즉 "나는 존재한다, 고로 나는 생각한다"라고 말씀하는 계시에 기반을 두고 있다. 기독교 신앙에서는 우리에게 영이 있으며 개인적인 선택을 통해 성품과 인격이 들어있는 혼이 형성된다고 말한다.

다른 프랑스 철학자인 콩트(1798-1857)는 과학을 분류하고 사상의 심리학적 진화를 조사하며 인간성의 종교를 추구하기 시작했다. 이 토대가 주동이 되어 요즘 소위 '인본주의' 라고 불리는, 인권운동을 지지하는 운동이 생겨났다.

영국 철학자이면서 진화의 옹호자인 스펜서(1820-1903)는 '알 수 있는 것'을 발견하는 실천 가능한 유일한 토대로 자연법칙과 진화과정에 대한 이해를 추구하였다. 기독교 신앙에서도 (일부는) 창조 후의 자연 진화에 대해 동의하지만, 오직 실험만을 지식을 얻는 실행 가능한 유일한 수단으로 제한하는 것에는 동의하지 않기에 스펜서와는 의견차이가 있다. 기독교 신앙에서는 "하나님이 말씀하시고, 우리는 들을 수 있다"고 말한다. 그리고 우리의 영은 하나님의 도움 없이도 이성을 뛰어넘어 직관적으로 지식을 알아 낼 수 있다고 말한다.

이 모든 것이 의미하는 바는, 콩트와 스펜서 이후로 사회과학에서는 측정하고 시험관으로 조사하고, 심리학에서는 통계로 사람 수를 세어 진리를 도출하면서, 이를 '학문 분야'와 '과학' 이라고 부른다는 점이다. 우리는 이런 접근방법을 무시하지는 않는다. 이 방법이 통하는 한 타당하고, 이는 크리스천의 직관의 부족함을 채워주고 점검해주는 좋은 역할을 한다. 우리는 심리학 분야에서 많은 통찰을 얻을 수 있다. 그러나 기독교 신앙은, (어쩌면 잘 모르면서도) 스펜서 이론에 기초하여 그것만이 진리를 발견하는데 유일하게 과학적이고 체계적이고 실제적인 방법이라는 주장에 대해서는 수용하길 거부한다. 기독교 신앙은, 계시에는 그 자체 내에 훈련과정이 있고, 이것이 성령님을 통해 진리에 도달하는 더 근본적인 방법이라고 말한다. 크리스천은, 신앙이 제대로 훈련만 되면 (세상 과학에 기반을 두지 않고 따라가지 않아도) 결코 덜 '과학적'이라고 말하지 않는다.

심리학의 시계(視界)는 항상 이분법으로, 의식 그리고 잠재의식 또는 무의식으로 나누어 연구한다. 심지어 초심리학에서도 초감각적 지각이나 운동감각, 투청, 투시, 신비력, 이외에도 관련된 현상들을 정신(psyche)의 기능으로 간주한다. 따라서 심리학은 인간 존재의 두 차원만을 조사한다. 기독교 신앙에서는 생각과 마음 또는 무의식, 그리고 영으로 나누는 삼분법을 받아들인다. 기독교 신앙에서는 우리의 영이 아이이자 사람의 아버지이고, 우리 영의 깊은 생각과 마음이 의식의 생각과 마음에게 정보를 주고 안내하고 때론 통제하고 분명하게 큰 영향을 준다고 말한다.

에밀 뒤르깽(1858-1917)의 등장 이래, 심리학은 사람이 환경에 의해 결정된다는 문화적 결정주의로 기울어졌다. 러시아의 '신학'인 공산주의는 환경을 바꾸면 인간이 개선된다는 믿음에 기반을 두었기에, 마르크스주의자는 (프롤레타리아) 계급이 인민을 억지로 '프롤레타리아 독재' 속의 완전함으로 밀어넣을 수 있다고 주장한다. 이는 '세뇌'하려는 시도의 배후에 있는 외부 결정론의 개념으로 공산주의나 존스타운의 패망(Jonestown fiasco)사건 같은 극단적 컬트에는 모두 나타난다. 순교하기까지 공산주의 세뇌에 저항한 수백만의 크리스천들과, 협박과 강압에도 불구하고 최후의 심판일 전에 존스타운에서 빠져나온 많은 이들은, 인간이라면 모두 완전히 조건지어지고 통제할 수 있다는 이론에 대한 반증이다. 기독교 신앙에서는 사람의 영은 정복당할 수 없고 자유롭다고 말한다. 오늘날 컬트에서 세뇌당한 사람이나, 존스타운에서 죽은 사람들은, 우리가 속사람의 암시를 더 이상 귀담아 듣지 않을 때 어떤 일이 일어날 수 있는지를 증언한다. "내 속 사람으로는 하나님의 법을 즐거워하되..."(롬 7:22).

(결정론에 기초한) 스키너 이론을 따르는 행동주의 심리학자들은 '모드(mode)', 즉 행동양식을 바꾸는 방법을 제공해서 사람을 변화시키려 한다. 사회활동가들은 (종종 모르면서) 뒤르깽 이론에 기반하여, 만약 로비를 해서 사회를 개선시키는 법개정을 하고 모든 사람들에게 좋은 환경을 제공하면, 인류에게 형제애를 불러일으킬 변화를 일으킬 것이라 생각한다. 크리스천은 일부 사회 활동을 후원할 수 있고, 크리스천 상담자는 자기훈련을 위해 스키너 이론의 모드를 수용할 수는 있다. 하지만 크리스천이 죄책감과 고백과 용서로 영에 다가가 속마음을 변화시키지 않는다면 다른 방법으로는 영속적인 변화를 보지 못한다. 사람은 밖에서 안으로 변화되는 것이 아니라 안에서 밖으로 변화된다.

심리학적 방법은 자아를 인식한다는 의미에서 계몽적이다. 크리스천의 방법은 자아를 죄로 인식한다는 의미에서 '계몽적'이다. 심리학은 더 나은 사람이 되기 위해 의도나 의지력으로 변화하라고 격려한다. 회심한 사람이 되기 위한 크리스천의 능력은 첫째가 성령님이요, 둘째가 기도이다. 심리학자는 주위환경과 가족의 행동양식과 (집안일 하는 방법이나 직장 스트레스, 또는 주위 동료 등과 같은) 부대상황을 변화시키려 한다. 크리스천 상담자는, 이런 일들이 조금은 도움이 됨을 알지만, 먼저 용서와 내주하시는 예수님의 사랑의 성품을 통해 사람과 환경에 대한 내적 태도와 동기를 변화시키려 한다. 크리스천 상담자는 전혀 환경을 변화시키려 하지 않을 수 있다. 왜냐하면 내담자가 배울 필요가 있는 교훈이 무엇이건간에 하나님이 그의 마음에 교훈을 쓰시려고 하는 통로로 환경을 보기 때문이다.

심리학자는 사람구실하는 데에 초점을 맞춰, 내담자의 생활력을 회복시키려 한다. 반면 크리스천 상담자는, 종국적으로는 내담자가 사람 구실할 수 있길 바라지만, 우선적으로는 마음의 죄를 깨닫기를 바란다. 만야 내담자가 지나치게 빨리 사람구실할 수 있는 능력을 회복하면, 그리스천 상담자에겐 승리이기보다는 패배를 의미할 수 있다. 상담자는 주님이 내담자의 마음을 변화시키기 위해 내담자를 '돌과 딱딱한 땅' 같은 곳 사이에 두셔야 한다는 것을 안다.

그래서 크리스천 상담자는 죄책감이 들도록 사역한다. 그는 이렇게 하는 걸 두려워하지 않으며, 거짓된 죄책감을 감지하지 않는 한 절대 내담자에게 "그렇게 죄책감을 느끼지마"라고 말하지 않는다. 죄책감을 인지하기 전까지는 자신의 죄를 십자가로 가져갈 수 없고, 자유롭게 되는 일도 일어나지 않는다.

어떤 심리학자는 지나치게 결정주의적 접근에 의존하다보니, 종종 사람을 가해자로 보기보단 희생자로 본다. 인생이 그에게 일어나버린 것이다. 문화적 결정주의란 인생이 우리가 누구인가를 결정한다는 이론이다. 따라서 범죄자들은 "책임이 없다." 우리(사회)가 그들을 만들어냈다. 그 결과 어떤 심리학자는 범죄와 그 발생이유에 대해 흐리멍텅하게 되어버렸다. 그러한 상담자는, 인생이 내담자에게 모든 문제를 일으킨 것이기에, 상담하면서 종종 자기연민에 빠진 사람을 양산한다. 위대한 동시대 정신과의사인 칼 메닝거(Karl Menninger)는 세속 심리학이 이 부분에서 실패한 책임이 있다고 말하며, 그의 책 〈죄는 어떻게 되었나? Whatever becomes of Sin?〉에서 이렇게 말한다.

메시지는 단순하다. 중요한 것은 시금석이다. 돌봄. 무관심의 죄를 내어버리는 것. 이는 무관심(acedia)을 큰 죄(the Great Sin)로 인지한다. 모든 죄 중에 핵심이다. 혹자는 이를 이기주의라고 부른다. 혹자는 소외라고 하고, 혹자는 정신분열이라 한다. 또 어떤 이는 자기중심성이라고, 혹은 분리라고 부른다.

폴 틸리히는 '우리 시대 사람들은 죄의 의미에 대한 감을 잃어버렸나?' 라고 물었다. 또 이렇게 말했다. '죄는 부도덕한 행동을 의미하지 않고,' 죄 '는 결코 복수로 표기하지 않으며, 우리의 죄들이 아니라 오히려 이 죄가 우리의 인생에 크고 만연한 문제라는 것을 사람들이 깨닫고 있을까? 죄의 상태에 있다는 것은 분리된 상태에 있다는 것이다.'

그는 이어서 말했다. '분리는 자신의 동료나 진정한 자아나 또는 하나님으로부터 떨어져 있는 것이다.' [틸리히는 '존재의 근거' 라는 말을 썼는데, 독자는 자신에 맞는 용어를 선택할 수 있다.]

분리는 죄를 대신하는 용어일 뿐 아니라 정신병, 범죄, 사람구실하지 못함, 공격성향, 소외, 죽음 등을 대신하는 용어이기도 하다. 누구는 이

용어보다 저 용어를 더 선호하지만, 이 모든 용어는 같은 것을 말한다.

그러나 죄라는 개념이 신학적으로나 윤리적으로 재검토되고 있기 때문에, 과학자들도 재검토해서 자신이 하는 일에 죄의 개념을 적절히 자리매김할 때가 되었다.

심리학자에게 있어 변화하는 힘은 자연적인 욕구와 의지력에, 상담과 친구와 친척의 후원이 더해질 때 생겨난다. 크리스천 심리학자에게 있어 변화의 힘은, 십자가에 달리신 그분의 아들인 우리 주 예수 그리스도와, 보혈과 부활의 생명과 성령님의 도움으로 표현되는, 하나님의 능력과 의지를 믿는 믿음에 우선 있다.

그래서 우리는 그리스도의 몸의 일원을 심리학자가 되라고 초청하지 않는다. 오히려 그리스도의 몸 안에서 서로에게 그리스도 안에서 고백을 받는 사람과 산파, 아버지와 어머니가 되라고 초청한다. 우리는 (그리스도의) 몸이 매일 일상적인 삶의 문제를 상담과 기도라는 성경적이고 구체적인 방법으로 다루라고 초청하는 것이다.

하나님이 인간성이 작동하도록 설계하신 몇 가지 간단한 법칙을 진정으로 이해하면, 단 하나의 열쇠로도 충분히 인간 마음의 무수한 신비를 열기 시작할 수 있다. 인간성은 자동차 엔진처럼 절대적인 기계적 원리에 의해 작동한다. 모든 인간관계 배후에 있는 법의 토대를 이해하기만 하면, 모든 문제에 지각을 세우고(역자주: 모든 문제를 이해하고) 배관공사할 수 있는 기초를 놓은 것이다. 아인슈타인의 천재성은 보기에는 복잡한 모든 자연구조 배후에 있는 법칙의 단순성을 발견한 것이다. 하나님 말씀의 천재성은 인생의 단순성을 널리 공표한 것이다. 모든 인생은 마치 분수(分數)처럼 간단한 공통분모 위에 다양한 분자가 있는 것과 같다. 만약 상담자가 하나님의 간단한 규례들에 충분히 사로잡히면, 결코 인간사의 복잡하고 변화무쌍한 변화 때문에 눈이 어두워지지 않을 것이다. 그는 만사의 이면을 보고 단순한 열쇠로 되돌아갈 것이다. 분자(分子, 우리가 어떻게 보고 행동하는가)는 종종 모든 것을 엉망으로 만들어 버리는 사람 때문에 변할 수 있다. 분모(하나님의 법칙들)는 몇 안 되고 기초적이며 보편적이고 단순하다.

하나님은 십계명과 산상수훈에서 인생을 위한 한가지 기본적인 열쇠를 주신다. 이런 도덕법들은 인생을 어떻게 살아야 하는지에 대해 누군가가 추측한 것이 아니다. 사람의 창작물이 아니다. 우리는 이것을 시행착오로 배우지 않았다. 이는 만약 모든 사람이 지키기만 하면 더 나은 세상이 될 거라는 규칙 묶음에 불과한 것이 아니다. 이는 실체가 어떻게 작용하는지에 대한 하나님의 서술(敍述)이다. 십계명과 산상수훈은 가족생활이라는 집을 짓는 건축가의 청사진이다. 남녀를 안전하게 섞어 끓이는 화학자의 공식이다. 모든 관계를 설계하고 작동하게 하는 기술자의 원리이다. 독이 아니라 영양을 공급하는 요리사의 조리법이다. 이는 비활성적이고 하찮은 것이 아니다. 만약 사람이 자기 차를 차고에 두고 다닌다면, 유일한 손해라곤 히치하이크하거나 걸어 다니면서 차량융자상환액을 아무 이유 없이 내고 있다는 점일 것이다. 그러나 십계명을 망각의 차고에 주차한다면, 그 사람은 조만간 파멸이라는 회오리바람을 맞게 될 것이다.

많은 사람들은 십계명과 산상수훈을, 이상주의자의 '해야 하는' 그럴듯한 목록으로 여기지만, 당연히 현실적으로 생각하는 남자다운 사나이가 더 잘 안다고 생각한다. 많은 사람은 계명을 모르거나 소홀히 하거나 무시하는 것이, 양심이 좀 지나치게 활동하는 것 말고는 아무 영향이 없는, 윤리 시간에서 도망나가는 정도의 일이라고 생각한다. 이상한 사실은 같은 '현실적으로 생각하는' 사람들 중에는 최루가스로 가득 찬 방에 들어가면서 이를 몰랐거나 방독면 착용을 무시했다고 해서 괜찮을 것이라 생각하는 사람은 한명도 없다는 점이다! 하나님의 법칙은 마치 시속 천마일의 강풍과도 같다. 한번에 모든 것을 그 앞에서 쓸어가 버리는데, 시속 천마일의 바람은 결국에는 산마저도 닮아 없애게 한다. 대단한 홍수가 나무를 뿌리 채 뽑거나 집을 이쑤시개처럼 날려버리는 것을 보았던 사람이라면 하나님의 법의 권능을 미소하게라도 어림잡을 것이다. 바람은 멈추고 홍수는 가라앉지만, 하나님의 법은 죽음의 창백함을 지나 영원토록 작동한다.

진리는, '현실적으로 생각하는' 사람이 보지 못하고 속고 있다는 것이다.

> 악한 일에 대한 보응이 속히 집행되지 않으므로 사람들의 아들들의 마음이 그들 안에서 악을 행하기로 완전히 정해졌도다 전 8:11

하나님의 정의의 맷돌은 천천히 갈리긴 하지만, 매우 곱게 갈린다. '현실적인 사람'은 즉각적인 보응을 보지 못하니까 믿질 못한다. 믿지 않는다 해도 하나님의 법이 작동하는 데에는 아무런 영향이 없다. 무얼 생각하건, 믿지 않건, 알고 있건 아니면 거부하건 간에, 그와 그 자손은 분명히 거두게 된다. 아무리 오래 믿은 크리스쳔일지라도 우리가 마음의 불신을 다루고 있다는 점에 다시 한번 주목하라. 수백만 수천만의 크리스쳔은 아직도 하나님의 법이 마음에서 지워지지 않게 새겨질 정도로 하나님의 말씀에 기초를 둔 적이 없다(렘 31:31). 마음에서는 아직도 맘대로 하면서도 아무 일이 일어나지 않을 수 있다고 믿는다. 이는 마치 일관성의 가닥들이 모두 낚아채여져, 육신의 정욕과 욕망의 흩날리는 바람에 흔들리는 것과 같다. 그들은 원인과 결과, 심음과 거둠, 죄와 결과 등을 실제적으로 연관시키지도 않고 할 수도 없다. 좋은 행동과 축복에 대해서도 마찬가지이다.

따라서 모든 크리스천 상담자는, 결코 내담자가 옳건 그르건 간에 하나님의 법을 실제적으로 받아들이고 있다고 가정해선 안 된다. 내담자의 생각에서는 입에 발린 말이 나올지라도, "이 백성이 입술로는 나를 존경하되 마음은 내게서 멀도다"(마 15:8). 그러므로 모든 크리스천 상담자는 변함없는 마음의 전도자이자 교사이다. 사람들은 전혀 마음과 인생에 있는 죄와 보응을 현실적이고 실제적으로 연결시키지 않는다.

> 주께서 가까이 오시어 그 도성을 보고 울며 말씀하시기를 적어도 이 너의 날에 너만이라도 너의 화평에 속한 일들을 알았더라면 좋았으련만! 그러나 이제는 그것들이 너의 눈에서 감추어졌느니라. 눅 19:41-42

크리스천 상담의 기본적이고 간단한 한가지 열쇠는 "너는 너의 하나님 여호와의 명한 대로 네 부모를 공경하라 그리하면 너의 하나님 여호와가 네게 준 땅에서 네가 생명이 길고 복을 누리리라"라는 다섯 번째 계명에 있다. 부모를 공경하는 사람의 인생이 잘되고, 그렇지 않으면 인생이 잘 풀리지 않을 것이라는 이 한가지 원리는, 모든 결혼 문제와 자녀 양육의 딜레마, 도덕적, 비도덕적 성향의 근원을 설명하기에 충분하다.

다섯 번째 계명 한가지가 모든 인생이 실제로 어떻게 돌아가는지를 설명한다. 의식적이든 무의식적이든 간에 부모를 실제로 공경하는 모든 부분에서 삶이 형통할 것이다! 의식적이든 무의식적이든 간에 우리 부모를 판단하거나 공경하지 않은 바로 그 부분에서 인생이 잘 풀리지 않는다!
인생은 근본적으로 단순하다.

> 이와 같이 좋은 나무마다 아름다운 열매를 맺고 못된 나무가 나쁜 열매를 맺나니, 좋은 나무가 나쁜 열매를 맺을 수 없고 못된 나무가 아름다운 열매를 맺을 수 없느니라. 아름다운 열매를 맺지 아니하는 나무마다 찍혀 불에 던지우느니라. 이러므로 그의 열매로 그들을 알리라 마 7:17-20

> 비판을 받지 아니하려거든 비판하지 말라 너희의 비판하는 그 비판으로 너희가 비판을 받을 것이요 너희의 헤아리는 그 헤아림으로 너희가 헤아림을 받을 것이니라 마 7:1-2

> 스스로 속이지 말라. 하나님은 만홀히 여김을 받지 아니하시나니, 사람이 무엇으로 심든지 그대로 거두리라 갈 6:7

이 몇가지 간단한 법칙이 모든 인간관계를 아우른다. 탈출구는 없다. 예외도 없다. 그리스도의 은혜가 간섭하지 않으면, 인생은 절대적으로 선행과 죄, 판단과 심음의 방법을 따라간다.
일단 상담자가, 우리가 다루는 것이 공상이나 신화가 아니라 전 우주보다 더 영원하고 불변하는 실체임을 확실히 알면, 추측이나 오류에 빠지지 않는다(시 119:89). 그는 진리로 가는 틀림없는 열쇠를 가진 것이다. 예를 들어, 내담자가 "아, 저는 배우자에게 이렇게 또는 저렇게 나쁘게 할 수 밖에 없었어요"라고 말하고, 지나치게 지적하고 질책하며 비판한 것에 대해 "난 일을 제대로 하는 방법이 있고, 중요한 일은 제대로 해야 한다고 부모님으로부터 배웠을 뿐이에요. 또 그(그녀)를 매우 사랑하기 때문에 그(그녀)가 최선을 다하길 바랬을 뿐이에요. 그래야 모든 것이 제대로 되니까요"라고 말하면서 합리화한다. 좋은 나무는 나쁜 열매를 맺지 못한다.

요구하고 통제하는 것은 나쁜 열매이다. 이것이 사랑에서 나온다는 것은 불가능하다. 사랑은 좋은 것이다. 통제는 나쁜 것이다. 그 나쁜 열매는 내담자의 인생에 있는 어떤 나쁜 뿌리에서 나온 것일 수밖에 없다. 아마도 아버지나 어머니가 비판적이고 잔소리하고 통제하는 사람이었으리라. 아이는 그걸 몹시 싫어하지만, 부모를 판단하고 미워하는 것이 허용되지 않아 그런 감정을 억눌렀다. 이제 법칙(롬 2:1)으로 인해 성인이 되었을 때 자신에게 행해진 것과 똑같은 방식으로 잔소리하고 비난하게 된다.

그래서 대부분 우리의 아주 나쁜 행동이 우리의 좋은 것에 기인한다고 생각하고 싶어한다. 하나님의 법의 순수한 선명성을 이해하면, 스스로에게 하는 거짓말이 드러나게 된다. 법의 순결함이 모든 바늘 귀에 실을 꿰고 사람의 성품이라는 고디우스의 매듭(역자주: 고디우스가 수레를 신전의 기둥에 묶어두었는데, 이 복잡한 매듭을 푸는 자가 세계를 정복한다라는 얘기가 있었다)을 푼다. 하나님의 법은 속임수의 거미줄을 꿰뚫는다. "여호와의 계명은 순결하여 눈을 밝게 하도다"(시 19:8). "주의 말씀들이 들어가면 빛을 주며, 그것이 우매한 자에게 명철을 주나이다"(시 119:130).

우리가 문제를 불확실하게 이해할 때가 많은데, 모든 상담자는 겸손으로 옷 입고 기꺼이 오류를 인정해야 한다. "송사에 원고의 말이 바른 것 같으나 그 피고가 와서 밝히느니라"(잠 18:17). "철이 철을 날카롭게 하는 것같이 사람이 그 친구의 얼굴을 빛나게 하느니라"(잠 27:17). 그러나 법칙의 실행에는 불확실함이란 없다. 우리의 이해는 불완전하지만, 우리가 살펴보는 사실에 있는 보응의 일격에는 융통성도 변경도 없다. 오직 십자가 상의 그리스도의 은혜만이 피할 수 없는 보응의 일격을 멈춘다.

따라서 하나님이 드러내실 때, 우리는 믿음으로 구원을 위해 기도할 필요가 있다. 만약 우리가 "사람의 궤술과 간사한 유혹에 빠져 모든 교훈의 풍조에 밀려 요동"(엡 4:14)하면 그렇게 할 수 없다. 하나님의 법에 대한 확고한 믿음이 있어야 우리 생각을 인생의 안전한 기초에 단단히 붙들어 맬 수 있다.

"아닙니다. 만약 당신 자녀를 대학에 가도록 놓아주지 않는다면, 그건 당신이 '그를 너무 사랑하기 때문'이 아닙니다. 소유욕은 나쁜 열매입니다. 사랑은 좋은 것입니다. 좋은 나무는 나쁜 열매를 맺지 않습니다. 이제 왜 당신이 자녀를 놓아줄 수 없는지 진짜 이유를 찾아봅시다."

"당신은 아내를 너무 사랑해서 그 파티에서 아내를 쳐다본 그 놈을 때려눕힐 수밖에 없었다고 말했지요. 내 친구여, 아닙니다. 사랑은 좋은 것이기에 나쁜 열매를 맺지 않습니다. 나쁜 열매는 나쁜 나무의 나쁜 뿌리에서 나옵니다. 당신이 어릴 때 누군가를 홀로 남기고 떠난 사람이 있었습니까, 아니면 당신 것을 누가 자꾸 훔쳐갔나요? 아버지와 어머니 사이에, 아니면 형과 누나 사이에 무슨 일이 있었나요? 어딘가에 나쁜 뿌리가 있어요. 찾아봅시다."

"그가 떠나려 했어요. 그와 자야했어요. 내 생각에 난 그를 너무나 사랑해요." 결코 비열한 일 이면에 있는 고상한 이유를 수용하지 마라. 그건 불가능하다. 좋은 나무는 나쁜 열매를 맺지 않는다. "얘야, 그렇지 않단다. 사랑은 좋은 것이기 때문에 죄를 맺지 않아. 우리는 죄를 숨기려고 사랑이라는 말을 쓰지만, 죄를 맺게 하는 건 무언가 다른 거야. 넌 무엇을 두려워하지? 네 아버지와의 관계를 살펴보자. 아버지의 직업은 어떤 종류였지? 밤에 계셨니? 집에 계실 때는 정말 '집에' 계셨니? 아버지가 어머니와 같이 계셨어? 두 분은 어떻게 지내셨어?"

어떻게 하나님의 말씀이 상담자, 아니 그 누구라도 그의 생각을 보호하는지 보이기 시작하는가? "청년이 무엇으로 그 행실을 깨끗케 하리이까 주의 말씀을 따라 삼갈 것이니이다"(시 119:9). "내가 주께 범죄치 아니하려 하여 주의 말씀을 내 마음에 두었나이다"(시 119:11). "하나님의 말씀은 다 순전하며 하나님은 그를 의지하는 자의 방패시니라"(잠 30:5).

상담자에게 있어 분명한 분석의 검(劍)은 심리학적 테스트나 장치가 아니라 하나님의 말씀이다. 이는 성령이 말씀하신 바이다.

> 하나님의 말씀은 살아 있고 활력이 있어 양 날이 있는 어떤 칼보다도 예리하여 혼과 영, 그리고 관절과 골수를 찔러 가르고 마음의 생각들과 의도들을 판별하느니라 히 4:12
>
> 그때에 너는 의와 공의와 공평을 깨달으리니, 정녕, 모든 선한 길이라. 지혜

가 네 마음에 들어가면 지식이 네 혼을 즐겁게 할 것이며 분별이 너를 보호할 것이요, 명철이 너를 지켜 악인의 길과 비뚤어진 것들을 말하는 자로부터 너를 구해 내리라. 그들은 정직한 길들을 떠나 어두운 길들로 행하고 악을 행하기를 기뻐하며 악한 자들의 완고함을 즐거워하나니 그들의 길들은 비뚤어졌으며, 그들은 자기들의 길에서 완고하여졌느니라 잠 2:9-15

상담자는 탐정처럼 각 상황에서 실제로 '누가 그것을 했는지'를 밝혀낸다. 하나님의 말씀은 확실한 돋보기여서, 모든 지문이 명백하게 범죄자를 찾아내듯이 법은 각 사람 본성의 특징을 정확히 밝혀낸다. 아내와 문제가 있는 사람은 그 문제의 반이, 아내에 있기보다는 부모(아니면 다른 어린 시절의 주요 인물)에 대한 판단과 죄에 있음을 알 수 있다. 지나친 단순화를 꺼려하는 사람들은, 법의 범위 내에서 인생이 측량할 수 없을 정도로 복잡하고 다채롭다는 것을 잊기히라.

여기서 우리는 모든 상담자들이 현혹되지 않고, 자신의 사고방식을 하나님 말씀의 단일성에 뿌리내리기를 간청하는 바이다. "눈은 몸의 등불이니 그러므로 네 눈이 성하면 온 몸이 밝을 것이요"(마 6:22). '눈' 이란 삶을 해석하는 방식이다. 상담자의 눈은 한결같고, 하나님의 말씀에 사로잡혀야 한다(고후 10:5).

이러하므로 우리가 이 직분을 받아 긍휼하심을 입은 대로 낙심하지 아니하고, 이에 숨은 부끄러움의 일을 버리고 궤휼 가운데 행하지 아니하며, 하나님의 말씀을 혼잡케 아니하고 오직 진리를 나타냄으로 하나님 앞에서 각 사람의 양심에 대하여 스스로 천거하노라 고전 4:1-2

부모나 우리를 키워준 분과의 삶이 우리 인생의 뿌리와 줄기이다. 현재 보이는 무엇이든지 이 뿌리에서 온다. 매년 1,200 시간씩 이십년간 상담해 온 폴라와 나는, 상담은 근본에 있어 아주 단순하며, 하나님의 법이 그 기초가 된다고 자신 있고 침착하게 말할 수 있다.

부모 탓을 하라는 말이 아니다. 부모가 성자이건 난폭하건, 정상이건 정신병자이건, 중요한 것은 아이의 반응이다. 아이가 몹시 끔찍하게 학대당하고도 애정 있고 온화한 어른이 된 경우가 있다. 앞서 말했듯이 우리는, 사람이 상황과 환경과 다른 사람에 의해 형성된다고 믿는 문화적 결정주의 혹은 행동주의를 얘기하지 않는다. 우리는 우리가 영으로 반응을 선택한다고 선언하시는 하나님의 말씀에 따라 이해한다. 우리가 죄지으며 반응한 각 영역에서, 우리는 자비가 우세하지 않으면 거둘 수밖에 없는 힘을 작동시킨다. 모든 인생의 뿌리와 줄기가 부모님과 함께 형성되었다고 해서 그분들을 탓하지 않는다. 자신의 죄의 짐을 져야하는 사람은 항상 자기 자신이다(갈 6:5).

두 살배기 아이에게 죄책감을 느끼게 한다는 것은 비난이나 정죄를 의미하지 않는다. 그런 것은 그리스도 안에서 있을 수 없다(롬 8:1). 십자가로 구원하기 위해 법이 작동한 사실을 보는 것이다. 우리는 어떤 것이 누구 잘못(탓)인지 알아내는 데에 관심이 없다. 우리의 관심은, 그 죄의 결과를 십자가로 가져갈 수 있도록 하기 위해서, 무슨 일이 있어 어떤 반응이 생겼으며, 그 결과로 어떤 성품구조가 형성되었는지를 알아보는데 있다. 일단 모든 사람이 죄를 물려받았기에 태어나면서 죄인임을 알고 나면, 비난은 사그라든다. 바울이 말한 것처럼 이미 깨끗해지고 성령충만하였음에도 일부러 악을 택해 예수님을 다시 십자가에 못박기로 선택한 사람에게 비난의 딱지를 붙일 수도 있다(히 6:6). 그러나 우리 모두의 통상적인 죄를 다룸에 있어, 비난은 게임의 일부분이 아니며, 마치 타석은 커녕 야구장에 한번도 가보지 않은 선수처럼 완전히 무관한 일이다. 우리 모두는 죄악이 많은 세상에 죄악의 마음을 갖고 태어난다.

> 우리의 죄를 따라 처치하지 아니하시며 우리의 죄악을 따라 갚지 아니하셨으니 아비가 자식을 불쌍히 여김같이 여호와께서 자기를 경외하는 자를 불쌍히 여기시나니 이는 저가 우리의 체질을 아시며 우리가 진토임을 기억하심이로다 시 103:10,13,14

만약 우리가 한편으로는 모든 사람이 잘못 선택한 책임이 있다고 말하면서, 이제 와서 모든 사람이 죄 가운데 태어났기에 다른 수가 없었다고 암시한다고 해서 찐다에서 빗이닌 깃이 아니다! 모든 사람이 기체는 이 큰 신학적 딜레마와 난국에서 멈춘다. 우리는 '둘 다'라고 말한다. 각자는 자신의 선택에 책임이 있다. 우리는 유죄이다. 그러나 비록 각 사람이 책임을 져야 하지만 주님의 자비는 불쌍히 여기셔서 탓하거나 정죄하지 않으신다. 다만 사랑하고 해방시켜주신다.

또한 하나님의 법의 절대성이 치유의 담보가 된다.

> 하나님께서 아브라함에게 약속하실 때에, 두고 맹세할 이가 자기보다 더 큰 자가 없으므로, 자신을 두고 맹세하며 말씀하시기를 "반드시 내가 너를 복 주고 복 주며 또 번성케 하고 번성케 하리라."하셨더니 그가 그처럼 끈기 있게 견딘 후에 그 약속을 받았느니라. 실로 사람들은 자기보다 더 위대

한 이름을 두고 맹세하나니, 확정을 위한 맹세는 그들에게 모든 다투는 일의 종결임이라. 이 점에 있어서 하나님께서는 약속의 상속자들에게 자기의 뜻이 불변함을 충분히 나타내시려고 그 일에 맹세로 확정하셨으니 이는 하나님께서 거짓말하실 수 없는 이 두 가지 변치 못할 사실로 인하여 우리 앞에 놓여진 소망을 붙들기 위해 피난처를 찾아 나온 우리로 든든한 위로를 받게 하려 하심이라. 우리가 이 소망을 혼의 닻같이 가졌으니 확실하고 견고한 소망이라. 이로써 우리 혼이 휘장 안에서 그 안으로 들어가나니 선두 주자이신 예수께서도 우리를 위하여 그 곳으로 들어가시어 멜키세덱의 계열을 따라 영원히 대제사장이 되셨느니라. 히 6:13-20

마지막으로, 아직 자신이 상담자로 부름받았는지는 모르지만, 과감히 하나님의 말씀의 절대성에 서려고 하면서도 좁고 편협하고 교만하고 고집 세고 미련한 사람으로 불리우는 것을 두려워하는 이들을 위해, 부르심을 명확히 하고 위안을 주는 말이 있다. 사탄과 현대의 혼란한 사고방식에서는 주의 바른 길을 굽게 하며(행 13:10), 사물을 완전히 거꾸로 뒤집어 놓았다. 세상의 사람들은 겸손을 교만이라 부르고, 또 교만을 겸손이라 한다. 예를 들면, 만약 모든 과학 연구의 축적된 증거 앞에서 누가 고집스럽게 세상이 평평하다고 주장하면, 우리는 그 사람을 교만하고 어리석다고 부르지 않겠는가? 증거를 고려할 때, 지구가 둥글다고 인정하는 것이 겸손이다. 전적으로 그 사실을 믿는 것은 교만이나 편협함이 아니라, 건전한 생각을 가진 것이다(딤후 1:7). 지구가 둥글다는 것을 의심할 여지 없이 증명된 사실로 확정하는 것은 전에 어떤 반대의견을 가졌다해도 이를 바꾸는 유연성과 더불어, 생각을 실체에 굳게 고정하는 분별력을 가진 것이다. 이는 하나님 말씀의 절대성에 관해서도 마찬가지이다.

처음에는, 하나님 말씀의 확실성을 받아들이는 것이 마치 과학적 가정을 받아들이는 것과 비슷할 수 있다. 해보고 이상한 사람 취급받으면 어떡하나. 하나님을 시험하고(말 3:10) 율례를 지키는 사람은 누구나, 하나님이 이적과 기사(막 16:17)로 확증하심을 곧 발견하게 된다. 그리고 "모든 말은 두 세 증인의 입으로 확정될 것이라"(고후 13:1)는 것도 발견하게 된다.

하나님의 확증하심으로 증거가 산처럼 쌓이기에, 이를 믿고 확정하지 않는 것은 정신적 교만과 편협함과 어리석음의 극치(또는 말하자면 밑바닥)일 것이다.

일단 하나님의 계시되고 기록된 말씀 안에 하나님이 진실로 단호히 말씀하셨음을 알기만 하면, 그러한 관점이 세상의 사고방식을 완전히 뒤엎기에, 하나님의 절대성을 우리 생각의 중심에서 인정하는 것이 겸손이 되고, 사람의 육신적인 추측이라는 기반 위에서 계속 자랑하고 다니는 것이 교만이 된다. 하나님의 법의 절대성을 아는 크리스천은 두려워 할 필요가 없다. 겸손한 생각을 가져야 정직하게 하나님의 말씀의 진리에 자리 잡으며, 교만한 생각을 가지면 말씀의 진리에 자리 잡지 못한다.

제 5 장 용서의 중심 능력과 필요성
The Central Power and Necessity of Forgiveness

　용서가 필요한 첫째 이유는 율법에서 파생된다. 용서가 마음에서 확실히 되기 전까지는, 보응의 법이 피할 수 없는 결말을 가져온다. "사람이 시험을 받을 때에 '내가 하나님께 시험을 받는다' 하지 말지니 하나님은 악에게 시험을 받지도 아니하시고 친히 아무도 시험하지 아니하시느니라. 오직 각 사람이 시험을 받는 것은 자기 욕심에 끌려 미혹됨이니, 욕심이 잉태한즉 죄를 낳고 죄가 장성한즉 사망을 낳느니라"(약 1:13-15).

　우주의 법체계는 결말을 요구한다. 가정의 모든 분노는 자극이 된다. 각각의 자극은 우리가 인식하든 아니면 억누르든, 반응을 불러일으킨다. 각 반응은 상대에게 자극이 되어 잇달아 반응을 요구하고, 이것이 자극이 되어 또 반응을 요구하게 되기 때문에, 토론이 싸움을, 집단 싸움이 폭동을, 국가간 긴장이 전쟁을 유발시킨다.

너희가 서서 기도할 때에 만일 어떤 사람과 적대 관계에 있다면 그를 용서하라. 그러면 하늘에 계신 너희 아버지께서도 너희 죄들을 용서하시리라. 그러나 만일 너희가 용서하지 아니하면 하늘에 계신 너희 아버지께서도 너희 죄들을 용서하지 아니하시리라 막 11:25-26, 흠정

"너희 중에 싸움이 어디로, 다툼이 어디로 좇아 나느뇨? 너희 지체 중에서 싸우는 정욕으로 좇아 난 것이 아니냐? 너희가 욕심을 내어도 얻지 못하고 살인하며 시기하여도 능히 취하지 못하나니 너희가 다투고 싸우는도다" (약 4:1-2).

감정적인 자극은 전기의 법칙처럼 법을 따라 작용한다. 우리는 격정을 조절하거나, 의지력이나 상냥한 성품으로 자극-반응의 전도(傳導)를 끊거나, 자신의 반응을 억눌러 또 다른 자극을 억제하려 노력할 수 있지만, 부인할 수 없는 합법적인 자극이 남아 있기에 반응을 연기할 뿐이다. 우리는 심은 것을 거둘 것이다(갈 6:7). 하나님의 법(그분의 말씀)은 폐할 수 없다(요 10:35).

법이 불변하고 자극과 반응은 돌이킬 수 없다는 사실이 성령님께서

말라기 3:6에서 "나 여호와는 변역지 아니하나니 그러므로 야곱의 자손들아 너희가 소멸되지 아니하느니라"에서 말씀하신 진리이다. 만약 하나님이 바꾸시면 우리는 소멸될 것이다. 그분이 무엇을 바꾸시면? "이러므로 그는 또한 자기를 통하여 하나님께 나아오는 자들을 끝까지 구원하실 수 있으니, 이는 그가 항상 살아 계셔 그들을 위하여 중보하심이라"(히 7:25, 흠정). 이는 피할 수 없는 논리이다 – 만약 예수님이 변하셔서 성부 앞에서 중보하길 그만두시면, 그 결과 "이 테이프는 5초 내에 자동 파괴된다!"(역자주: 우리를 테이프에 비유)

우리의 자극은 반응이 증가되도록 만든다. 심는 대로 거두는 법칙과 증가의 법칙으로 인해, 우리의 모든 인간관계가, 실로 모든 인생이, 계속 죄짓는 본성으로 인해 전쟁과 파멸로까지 치닫게 될 것이 분명하다! 그리스도의 십자가 외에는 어떠한 것도 이러한 움직임을 멈출 수 없다. 십자가가 용서의 중심에 있다. "율법을 좇아 거의 모든 물건이 피로써 정결케 되나니 피 흘림이 없은즉 사함이 없느니라"(히 9:22). 미움은 살인한다. "그 형제를 미워하는 자마다 살인하는 자니 살인하는 자마다 영생이 그 속에 거하지 아니하는 것을 너희가 아는 바라"(요일 3:15). 모든 분노, 원망, 원통함은 미움에서 나온다. 아무리 우리가 미워하지 않는다고 완곡하게 표현하고 주장하고 싶더라도, 우린 미워한다. 우리 감정은 상대방을 죽인다(또는 축복한다). 살인은 생명을 파괴한다. 피에 생명이 있다(창 9:4). 자극은 응답을 강요하고, 심은 씨는 거두게 되므로, 모든 미움은 피를 필요로 한다. 오직 예수의 피만이 미움이 커지는 순환고리를 멈출 수 있다. 그래서 용서의 피는 인간 생명의 존속 가능성에 있어서도 중심 역할을 한다.

메리 존스가 그녀의 남편 샘에게 무시당한다고 느낄 때, 그 자극은 반응을 강요한다. 그녀가 화를 터뜨리면, 남편이 반응한다. 분노가 증가되고 싸움이 뒤따른다. 그가 억누른다 해서 자극이 사라지지 않는다. 자극 때문에 가슴 속이 부글부글 끓는다. 샘의 감정적인 본성은 부지중에 무의식적으로 아내를 죽이면서, 어디선가 어떻게든(침묵의 거절으로라도) 분노를 표출할 것이다. 샘이 육신적인 결단이나 심지어는 성령의 능력으로 애정어린 대답을 하고, 이로 인해 애정어린 반응을 불러일으켜, 그 저녁이 기쁨으로 치솟을 수도 있다. 그럼에도 불구하고, 처음의 상처는 부인할 수 없다. 그것은 살아있고, 억눌려 있고, 잊혀진다. 그러나 우주는 법을 따르고, 상처는 여전히 반응해야 한다. 그 사건에 천을 곱한다면 – 이 정도는 어떤 관계에서도 일상적으로 일어나는데 – 우리가 알게 되는 것은, 만약 예수님이 계속 중보하지 않으시면, 행복의 사멸이나 신체적 파멸까지도 피하지 못한다는 점이다.

"저가 빛 가운데 계신 것같이 우리도 빛 가운데 행하면, 우리가 서로 사귐이 있고 그 아들 예수의 피가 우리를 모든 죄에서 *깨끗하게 하실 것이요*"(요일 1:7). 사랑하기로 한 샘의 선택은, 빛 가운데 행하기로 선택하여 예수의 피가 마음을 정결케 하시도록 허용하는 초청이었다. 매일 인간관계에서 얼마나 무수한 일이 보지도 알지도 못한 채 그분의 피로 인해 지나가는지 아무도 알 수 없다. 우리 주님의 자비가 얼마나 엄청나게 큰 은혜인지 아무도 모른다!

또한 그렇게 무수한 일이 알지도 못한 채 피로 씻기면서도, 때로는 왜 의식적으로 알고 고백하는 것이 필요한지, 안 그러면 왜 결과를 다 짊어져야 하는지 아무도 모른다. 분명 지혜 가운데 하나님은 아신다. 분명히 대부분의 죄는 우리도 알지 못한 채 씻겨진다. 지금은, 필시 예수님은 계속 씻을 필요를 아셨기에 "이를 행하여 나를 기념하라"(눅 22:19-20)는 명령을 주셨다고 말하는 것으로 충분하리라. 예배할 때 우리는 깨닫지 못하지만, 하나님이 우리를 용서하고 씻어주시는 일이 얼마나 자주 있는지 아는가? 사랑 가운데 걷기로 선택하는 것도 깨끗케 하지만, 가장 효과적인 선택은 예배와 기도이다. 우리는, 사도 바울이 "평강의 하나님이 친히 너희로 온전히 거룩하게 하시고 또 너희 온 영과 혼과 몸이 우리 주 예수 그리스도 강림하실 때에 흠없게 보전되기를 원하노라"(살전 5:23)고 기도한 것처럼, 서로를 위해 정기적으로 기도할 필요가 있다. 얼마나 좋은 기도인가!

인간 마음의 내적 작용을 매일 들여다보는 특권을 받은 몇 안 되는 사람 중 하나로, 폴라와 나 둘 다 성경 말씀으로 인해 기뻐하고 슬퍼한다.

또 약속하신 이는 미쁘시니, 우리가 믿는 도리의 소망을 움직이지 말고 굳게 잡아 서로 돌아보아 사랑과 선행을 격려하며 모이기를 폐하는 어떤 사람들의 습관과 같이 하지 말고 오직 권하여 그 날이 가까움을 볼수록 더욱 그리하자. 우리가 진리를 아는 지식을 받은 후 짐짓 죄를 범한 즉 다시 속죄하는 제사가 없고 오직 무서운 마음으로 심판을 기다리는 것과 대적하는 자를 소멸할 맹렬한 불만 있으리라.(히 10:23-27)

우리가 기뻐하는 것은, 예배에 참여하는 사람은 그 예배에 성만찬이 있든 없든 간에 빛 가운데 걷기에 깨끗케 되고, 알건 모르건 간에 그들의 결혼과 가정이 축복받기 때문이다. 가족들이 교회 문을 서로 빨리 나가려고 다툴지라도 그 전 주간에 축적된 미움으로 심은 씨 대부분을 우리 주님께서 거두신다. 사람은 분노를 기억해서 그것으로 새로운 싸움을 시작할지라도, 실제로는 법에 따른 필연적인 과거의 보응은 예배 중에 십자가에서 끝났다.

우리가 슬퍼하는 것은, 죽음의 잿빛이 한번도 교회 문에 오지 않은 사람들의 얼굴에 찾아오기 때문이다. 우리는 그들이 주님 안에서 생명을 선택할 기회를 놓쳐서 그분이 깨끗하게 하실 수 있는 기회를 거의 드리지 않았기에 얼마나 끔찍하게 축적된 악을 거두게 될 지를 안다.

예수의 피가 용서의 능력이다. 그리고 예수의 피는 충분하다(히 10:19-29). 우리는 교회가 충분히 '피로 적셔' 질 수 있을까 하는 의문이 든다. 메노나이트의 시조인 메노 시몬스(1496-1561)는 그의 경건함과 예수의 피에 대한 강조로 유명하다. 예수의 피를 강조한 유산은 후손들이 물려받는다. 1735년 미국행 배에 탄 존 웨슬리가 예수의 피를 찬양한 모라비안 교도들의 은혜로운 신앙심에 크게 영향을 받은 데에서 부흥의 추진력이 나왔다고 사람들은 믿는다. 웨슬리의 이 경험으로 인해 초기 감리교도들이 예수의 피를 송축하는 신앙심과 찬양으로 충만해졌다. 미국 교회사를 대충 훑어보아도 예수의 피에 대한 신앙심과 송축이 선행될 때, 부흥과 우리 주 예수 그리스도 안의 진정한 사랑의 삶이 뒤따라왔다. 예수님의 보혈이야말로 우리가 정복할 필요가 있는 내면의 영역인 마음을 적신다. "또 하나님의 집 다스리는 큰 제사장이 계시매, 우리가 마음에 뿌림을 받아 양심의 악을 깨닫고 몸을 맑은 물로 씻었으나 참 마음과 온전한 믿음으로 하나님께 나아가자"(히 10:21-22). "내가 매일 십자가 앞에 더 가까이 가오니 구세주의 흘린 보배 피로써 나를 정케 하소서"(찬송가 219장)라고 찬송하면서도 우리가 찬송한 보혈의 능력을 모를 때가 얼마나 많은가?

모든 크리스천 상담자는 하나님께서 주신 가장 큰 능력의 도구인 예수의 피를 결코 잊지 말지어다. 상담자에게 하나님의 말씀은 "구원을 주시는 하나님의 능력"(롬 1:16)이기에 강력한 도구이다. 그러나 상담자의 가장 정교한 과업인 마음을 정결하게 하는데 있어서는, 보혈이 그가 가진 최고의 능력이다. "새 언약의 중재자이신 예수와, [땅에서부터 성부께 울부짖은] 아벨의 피보다 더 훌륭하게 말해주는 그가 뿌리신 피 앞에 나아왔습니다"(창 4:10, 히 12:24, 표새).

이러므로 첫 언약도 피 없이 세운 것이 아니니 모세가 율법대로 모든 계명을 온 백성에게 말한 후에 송아지와 염소의 피와 및 물과 붉은 양털과 우슬초를 취하여 그 책과 온 백성에게 뿌려 이르되 "이는 하나님이 너희에게 명하신 언약의 피"라 하고, 또한 이와 같이 피로써 장막과 섬기는 일에 쓰는 모든 그릇에 뿌렸느니라. 율법을 좇아 거의 모든 물건이 피로써 정결케 되나니 피 흘림이 없은즉 사함이 없느니라. 그러므로 하늘에 있는 것들의 모형은 이런 것들로써 정결케 할 필요가 있었으나 하늘에 있는 그것들은 이런 것들보다 더 좋은 제물로 할지니라. 그리스도께서는 참 것의 그림자인 손으로 만든 성소에 들어가지 아니하시고 오직 참 하늘에 들어가사 이제 우리를 위하여 하나님 앞에 나타나시고, 대제사장이 해마다 다른 것의 피로써 성소에 들어가는 것같이 자주 자기를 드리려고 아니하실지니, 그리하면 그가 세상을 창조할 때부터 자주 고난을 받았어야 할 것이로되 이제 자기를 단번에 제사로 드려 죄를 없게 하시려고 세상 끝에 나타나셨느니라. 한 번 죽는 것은 사람에게 정하신 것이요 그 후에는 심판이 있으리니, 이와 같이 그리스도도 많은 사람의 죄를 담당하시려고 단번에 드리신 바 되셨고 구원에 이르게 하기 위하여 죄와 상관

없이 자기를 바라는 자들에게 두 번째 나타나시리라.(히 9:18-28)

그래서 인간 마음의 치유에 예수의 피가 중심이 된다. 말씀은 생각을 교정하고 마음을 찌르지만(히 4:12), 마음은 보혈이 치유한다. 역설적인 것은, 한번 드려진 보혈이 다시 흘려져야할 필요는 전혀 없지만, 이를 적용하는 것은 매일 필요하다는 사실이다. 그러지 아니하면 마음이 다시 아프고 비뚤어진다. 논리나 의지력으로 마음을 변화시킬 수 없다. 우리가 아무리 분명하게 그곳에 뭐가 있는지 알아도, 그건 그 자리에 남아 있다. 바로 이 부분에서 세상 심리학을 따르는 상담자는, 보이는 것을 깨끗케 할 수 없기 때문에 손들고 만다. 그러나 크리스천은 할 수 있다. 세상 사람이 그만두는 그 자리에서야 크리스천은 시작한다. 그는 오직 어린 양의 보혈을 부르기만 하면 된다. "보라, 세상 죄를 지고 가는 하나님의 어린 양 [우리의 온전한 피의 희생제물]이로다!"(요 1:29).

기도에는 큰 믿음이 아닌 구하는 것을 소리 낼 정도의 믿음의 분량만 필요하다. 가장 연약한 크리스천이라도 기도의 능력을 충분히 행사한다. 그것은 소신되지 않는다. 바바라 셸몬(〈치유의 기도 Healing Prayer〉의 저자)이 한번은 은사주의적 카톨릭 집회에 참석했는데 그곳에서 성체와 성혈을 모시는 미사가 있었다. 아주 많은 사람들이 참례했기에 그녀가 성찬대에 나갔을 때 신부가 앞으로 나와 큰 소리로 "예수의 피가 떨어졌습니다!"라고 외쳤다. 바바라는 거의 실신할 뻔했다! 아무리 어둠이 증가하여 죄가 만연하다고 해도, 예수의 피는 형언할 수 없을 정도로 많아서 우리가 다 써버릴 수 없다! 구하기만하면 항상 철저하고 완전하게 마음을 정결케 하는 보혈이 준비되어 있음을 그 분의 신실하심이 보장하신다.

우리가 모든 상담자에게 촉구하는 바는, 찾아오는 사람과 함께 그들의 죄고백때마다 우리 주님의 피가 그들의 마음을 정결케 하도록 크게 기도하는 것이다. 기도는 마술적인 주문이 아니다. 꼭 어떤 순서를 따라 해야 하는 단어가 있는 것이 아니다. 중얼거리거나 더듬거리거나 혼란스런 외침이라도 충분하다. 보혈을 언급하고 보혈이 적용되길 구하기만 하면 된다.

용서의 가장 큰 어려움은 대개의 경우 우리가 여전히 원망을 갖고 있다는 걸 모르거나, 자신을 속이고 잊어버린다는 점이다. 우리가 모든 크리스천 상담자에게 간청하는 바는 이것이니, 내담자가 자신의 감정에 대해 말하는 바를 믿지 말아라. 우리는 내담자의 감정에 근거해 확신을 가지거나 가지지 않거나 해서는 안된다. 감정은 기껏해야 상습적인 거짓말쟁이이다. 우리의 생각과 기억은 완곡어법과 거짓말로 그럴싸하게 얼버무려진다. 열쇠는 전(前) 장에 있었다. 나쁜 열매가 있다면 반드시 용서하지 않은 것이 뿌리에 숨겨져 있다. 우리는 하나님의 말씀의 분명한 논리에 근거해서 상담하며, 내담자 자신에 대한 혼동된 개념과 감정에 기반하여 상담하지 않는다.

조종사는 상승과 하강, 명암에 대해 자신의 감각을 붙들지 않고, 계기를 믿고 좌표를 고정하여 '소경'이 된 채 비행하도록, 생각을 재훈련하는 집중 훈련을 거쳐야 한다. "소경이 누구냐 내 종이 아니냐 누가 나의 보내는 나의 사자같이 귀머거리겠느냐? 누가 나와 친한 자같이 소경이겠느냐 누가 여호와의 종같이 소경이겠느냐?"(사 42:19) "그 눈에 보이는 대로 심판치 아니하며 귀에 들리는 대로 판단치 아니하며"(사 11:3). 크리스천 상담자는 사람의 감각이나 감정이 아니라 하나님의 말씀이라는 계기만을 신뢰하는 소경이 되어 비행하는 법을 배워야 한다. "여호와의 율법은 완전하여 영혼을 소성케 하고 여호와의 증거는 확실하여 우둔한 자로 지혜롭게 하며"(시 19:7). 마지막 장에서 이러한 인식을 근간으로 삼는 일을 하겠지만, 지금 보기 원하는 것은 이것이 가장 분명하게 적용될 부분이 용서라는 점이다. 거의 대부분의 사람들은 자신이 용서하지 않았는데도 용서했다고 늘 생각한다. 그러면 용서 여부를 어떻게 알 수 있을까? 하나님의 말씀에 따른 단순하고도 순수한 법칙으로 알 수 있다. 문제가 여전히 남아있다면, 용서가 불완전하다.

상담자에게 있어, 상담자가 문제를 아는 것과 내담자가 생각뿐 아니라 마음으로도 문제를 아는 것은 별개이다. 물론 하나님의 법은 절대적이지만, 이해는 불확실하다. 우리는 절대 "아하, 당신에겐 이런 혹은 저런 문제가 있군요."라고 말하지 않도록 주의해야 한다. 대신 질문과 비유와 이야기 등으로 상대방을 초청하는 것을 잊지 말아야 한다. 아마도 이러한 이유 때문에 상대방의 마음에 다다르기 위해 "예수께서 이 모든 것을 무리에게 비유로 말씀하시고 비유가 아니면 아무것도 말씀하지 아니하셨을 것이다."(마 13:34) 사람의 전(全) 인생사를 살핀 후에 섣부른 결론을 내리지 말고, 탐색을 통해 상대방이 자신 안에 있는 것들을 보고 연결짓도록 초청하는 일을 잊지 않도록 주의를 기울여야 한다.

많은 사람들이 과거로 돌아가 그 사람이 누구건 간에 찾아서 이야기해야 하는데, 그 사람이 살아있지 않을 수도 있기 때문에 방법이 없다고 생각하며 혼란스러워한다. 우리는 단지 성인만을 사역하는 것이 아니라 마음 속에 아직 살아있는 어린아이도 사역한다. 문제의 그 사람에게 말하는 것은 불필요할 뿐 아니라 상처가 되기도 한다. 상처 준 사람은 알지 못하거나 안다 해도 오래 전에 용서받아 다 끝난 일이라고 생각한다. 상담자는 순수하게 내담자의 숨겨진 마음 안에서 용서가 이루어지도록 기도할 수 있다. 만약 성령님께서 후에 서로 만나 대화하고 화해할 수 있게 하시면 지혜롭고 요령있게 하도록 하라. 하지만 이런 과정이 필요한 경우는 거의 없다. 물론 관련된 사람이 사망했다면 말할 나위없다.

부모가 정상적이고 좋은 분이었을 때에는, 누구나 알 수 있을 정도로 악한 부모를 가진 경우보다 뿌리를 찾기가 훨씬 어렵다. 후자의 경우에는 원망을 알아보고 의식적으로 인정하기가 쉽다. 하지만 전자의 경우에는 부모에 대한 효심이 어린시절이나 상담시간에 원망을 가려버린다. 여기서도 다시, 말씀의 정확하고 정직한 법칙 때문에 폴라와 내가 이전에 간증했듯이, 감정에 상관없이 믿음으로 행할 수 있다.

종종 원망이 마음과 생각 아래 저 밑에 있을 수 있다. 즉 모태에서나 출생 시 영 안에 생겼거나, 우리에게 있어야 할 것이 없었던 것에 대한 반작용으로 생겼을 수도 있다. 때로는 부모가 명백하게 악한 일은 전혀 하지 않아도 부모로서 거의 완벽하게 실패할 수 있다. 한 예로 어떤 가정에, 부모가 하나님을 경외하고 도덕적이고 고결하고 책임감 있음에도 불구하고 한번도 자녀를 애정으로 만진 적이 없었던 경우가 있었다. 자녀들의 마음과 생각에선 무엇이 부족한지 알 수 없었고 부모가 한 좋은 일만을 기억했다. 그러나 그들의 영은 만져지길 원했고, 그 부족함을 원망했다. 이제 성인이 되어서는 그들이 사랑을 주지 못하고 그 가정은 배고파한다. 어쩌면 배우자가 바람날 수도 있다. 나쁜 열매는 쓴뿌리를 입증해 준다. 원망을 전혀 느끼지 못할 때라도 용서의 기도는 자유케 한다.

또 다른 예는 정말 비극적이다. 내담자의 부모 중에, 거의 모든 것을 제대로 했을 뿐 아니라 풍성한 사랑을 부어주었음에도 비참하게 실패한 부모들이 종종 있다. 왜 그럴까? 그들이 자녀가 독립된 인격이 될 수 있도록 여지를 두는 법을 몰랐기 때문이다. 그들은 지나치게 많은 것을 해줌으로써 자녀의 싹트는 삶을 죽여 버렸다. 그런 어린 아이들이 성인이 되어 현재 어려움을 겪어도, 원망이 그들 마음 속 밑바탕에 있음을 보기가 무척 어렵다. 다시 말하지만, 두려워하고 눌린 삶의 열매가 있을 때 아이의 영에 있는 원망이라는 나쁜 뿌리가 있음을 알게 된다. 하나님의 말씀에 따라 믿음으로만 회개와 고백과 사죄선포를 해야 한다. 정녕 상담자는 믿음으로만 행하는 진단과 치료를 신뢰하기를 배워야 한다.

사건이 우리의 주요 관심 대상이 아니다. 끔찍한 사건이라도 하나님의 은혜로 마음에 깊이 남지 않을 수도 있다. 사소한 사건이라도 상처와 함께 그 후의 관계를 엉망으로 만들어 버리는 습관을 남길 수 있다. 중요한 것은 마음의 반응이다. 때론 반응이 당장 분명하지 않고, 마치 도화선을 가진 폭탄처럼 후에 터질 수도 있다.

사건을 용서한다고 해도 해방이 완전히 이루어지지 않을 수 있다. 어린 시절의 사건에 대한 반응은 행동을 변화시켜 옛 본성의 버릇과 습관이 되도록 만든다. 그러한 행위패턴이 한번 영혼에 굳게 구축되면 쉽게 다룰 수 없게 된다. 예를 들어 처음에는 용서로 부모의 냉정함을 다룰 수 있다. 그러나 더 중요한 것은 물러나는 패턴, 돌 같은 마음, 앙갚음 하려는 버릇, 자아라는 문어의 꿈틀거리는 촉수 등이다. 상담자는 그 습관을 형성시킨 사건보다는 옛 본성의 습관에 더 관심을 기울여야 한다(골 3:9).

앞서도 말했지만 나쁜 열매가 여전히 존재하면 아직도 용서가 이루어진 것이 아니다. 하지만 처음 상처 준 사람을 완전히 용서했어도 그 결과로 생긴 파괴적인 습관이 남아있을 수 있다. 그런 습관도 십자가와 용서로 사라진다(혹은 변화된다). 다른 사람을 용서해도 자신을 용서하지 않을 수 있다. 자신을 용서함으로 신뢰하고 내어맡길 수 있는 능력이 회복되어야 우리 내면의 습관이 파괴되는 것을 허용할 수 있다. 자아의 죽음은 용서의 완전함에 달렸고, 그럴 때에야 가능하다. 우리가 계속해서 자신을 탓하고 질책하며 달라지려고 노력하는 한, 주님과 함께 못 박히는 것을 견딜 수 없다. 일을 제대로 하고자 하는 애씀에 대해 죽으려면, 자기 자신을 공격하기를 그만두는 용서의 완전함이 기반이 되어야 한다.

용서는 안식을 가져다준다. 예수의 피는 습관구조가 죽음에 처해질 수 있도록 죄책감때문에 수고하는 것을 씻어준다. 십자가상의 죽음을 위한 기도를 여러 번 했는데도 불구하고 옛 생활방식이 계속 작동한다면, 상담자와 내담자는 첫 번째 기초로 돌아가서 자아와 하나님에 대한 용서가 실제로 완전하게 이루어졌는지를 살펴볼 필요가 있다.

우리는, 우리의 죄가 무언지 보고 옛 방식에 들러붙은 우리의 감정과 씨름하는 겟세마네를 통하지 않고는 십자가에 이를 수 없다. 그렇지 않으면, 실제로는 주님이 "다 이루었다"고 외치시기 전에 십자가에서 우리의 옛 방식을 와락 붙잡을 수 있기 때문이다. 용서는 "아버지여, 저희를 사하여 주옵소서"하신 예수님의 처음 기도처럼 죽음 전에 일어나는데, 이는 주님이 영단번에 "다 이루었다"고 선포하시기 수 시간 전이었다. 용서의 완전함은, 미풍에 깃털이 날아가듯 행복하고 쉽게 죽도록 준비시켜 준다. 완전히 용서하지 않으면, 습관을 십자가에 못 박아도 자아와 하나님을 용서하지 않음으로 인해 그것이 손에 풀 붙듯 붙어있는 것을 발견하게 될 뿐이다. 용서의 완전함 없이는 성화와 변화의 일은 무겁고 힘겨운 일이다. 하지만 용서는 그것을 쉽고 가볍게 만든다.

그러므로 변화에는 두가지 부분이 있다. 예수의 피는 마음을 정결하게 하나, 보혈은 혼에 있는 어둠의 일을 멸하지 않는다(요일 3:8). 오직 십자가만이 그것을 할 수 있다. 용서는 중요하지만, 과정의 시작일 뿐이다. 변화의 일은 그때부터 매일 자아를 십자가에 못 박는 고투이다.

그럼에도 불구하고, 용서가 진행된다는 측면이 변화에 영향을 미치고 (변화를) 더 낫게 만들 수 있다. 〈크리스천 가정의 회복〉의 19장 '용서'에서 그러한 측면을 더욱 발전시켰다. 여기서는, 내담자를 상처주거나 실망시킨 사람을 위해 축복 기도를 하라고 격려힐 필요가 있다라고만 말하기로 하자(롬 12:14-21, 벧전 3:8-14). 내담자에게 자신과 비슷한 어려움에 처한 다른 이를 사역하라고 권고해야 한다. 내담자가 그렇게 할 때 그는 자신의 모습을 더 분명하게 보게 되며, 자신의 사막에 사랑이 흘러들어가게 될 것이다.

특별히 내담자가 과거에 있었던 모든 일에 감사함으로 기도하도록 촉구해야 한다. 이러한 기도를 통해 내담자의 마음이 자기연민과 분노에서 모든 일 안에서 모든 일을 통해 하나님이 하신 일을 기뻐하는 태도로 바뀐다.

용서의 대상에 하나님 아버지가 포함되기 전까지는 용서가 완전하지 않다. 성경은 이렇게 말한다. "사람이 미련하므로 자기 길을 굽게 하고 마음으로 여호와를 원망하느니라"(잠 19:3). '마음' 이라는 단어에 주목하라. 생각으로는 "내가 어떻게 하나님께 화를 내겠어? 하나님은 완전하셔. 그 분은 내게 아무 짓도 안 하셨어"라고 한다. 하지만 마음은 그렇게 얘기하지 않는다. 마음은 비뚤어져 이렇게 외친다. "아 그래요, 당신이 좋은 아버지라면 제가 이렇게까지 실패하게 놔두지 않으셨을테죠." 또는 초기 아동기, 혹은 모태에서나 태어나면서 상처를 입은 사람의 경우, "당신은 당신을 섬기기 위해 나를 세상에 보내놓고 이 사람들 때문에 이렇게 날 망쳐놓다니. 이제 제가 어떻게 당신을 섬기리라 기대하시죠? 불공평해요! " 또는 "하나님, 당신이 필요할 때 어디 계셨죠?", "하나님, 왜 하필 나죠?" 등등의 마음의 외침은 우리가 겪는 문제만큼 무수히 많다.

그러한 이유로 욥이 이렇게 외쳤다. "우리 사이에 중재인도 없으니 우리 둘에 손을 얹을 자도 없도다"(욥 9:33, 흠정). 성경시대에 중재자는 상담자와 같았다. 두 여인이 솔로몬 왕을 어느 아기가 누구의 아기이냐라는 다툼의 중재자로 삼았듯이(왕상 3:16-28), 사람들은 다툼을 해결하러 중재자를 찾아갔다. 그런 상담자 혹은 중재자는 양측에게 말하고 논의하여 다툼을 해결하고, 그들 어깨에 손을 얹고 서로 용서하도록 이끈다. 욥의 외침은 우리 주 예수 그리스도가 하나님과 인간 사이의 중재자가 되시기를 요청한다. 이것이 고린도후서 5:18-20, 즉 "이는 하나님께서 그리스도 안에 계시사 세상을 자기와 화목하게 하시며"에서 말씀하는 주님이시다. 인용구절의 마지막 부분에서 사도 바울이 우리를 하나님과 화목하게 하셨다고 말한 (그 반대 순서가 아니라) 것에 주목하라. 우리가 하나님과 화목하게 될 필요가 있다. 왜냐하면 우리가 하나님께 분노하고 있기 때문이다. 다음 구절에서 성령께서는 그분이 우리를 용서하셨음을 말씀하신다. "저희의 죄를 저희에게 돌리지 아니하시고." 양측에게 손을 얹어 서로 용서하고 화평케 하는 것이 중재자의 역할이다.

예수님이 우리의 중재자이시다. 상담자는 주춤해선 안된다. 상담자는 하나님과 인간 쌍방이 서로 용서하는 것을 가능하게 하는 사람이다.

제 6 장 순환고리 끊기
Breaking the Cycle

율법의 행위로 난 자들은 누구든지 저주 아래 있느니라. 기록되기를 "행하도록 율법책에 기록된 모든 것을 계속해서 행하지 않는 자는 누구나 저주를 받느니라."고 하였음이라. 따라서 하나님 앞에서 율법으로 의롭게 되는 사람은 아무도 없다는 것이 분명하니 이는 "**의인은 믿음으로 살리라**."고 하였음이니라. 율법은 믿음에서 난 것이 아니니라. 그러나 "**이를 행하는 사람은 그 안에 살리라**."고 하였느니라. 그리스도께서 우리를 위하여 저주가 되셔서 율법의 저주로부터 우리를 구속하셨으니, 기록되기를 "나무에 매달린 자는 누구나 저주받은 자라."고 하였도다. 이는 아브라함의 복이 예수 그리스도로 말미암아 이방인들에게 미치게 함이며 또 우리로 하여금 믿음으로 말미암아 성령의 약속을 받게 하려는 것이라 갈 3:10-14, 흠정

용서만으로는 충분하지 않다. 죽지 않은 육신의 본성으로 인해 우리는 490번 이상의 죄를 지을 것이 확실하다(마 18:21-22). 냉혹한 공격

> 그리스도께 속한 사람들은 그 육신을 애정과 정욕과 함께 십자가에 못박았느니라 갈 5:24, 흠정

자의 일격을 라운드 내내 능란하게 방어하는 프로권투선수를 떠올려 보면, 왜 육신이 다뤄지지 않을 때 가족 내에서 끊임없이 용서가 필요한지 이해할 수 있다. 때때로 자신이 가족 내의 용서는 도맡아 하면서 하나님이 왜 다른 모든 이를 변화시켜 주시지 않나 몹시 조바심내는 순교자 같다고 느끼지 않은가? 습관 구조는 너무도 지속적으로 공격을 하기 때문에 가장 참을성 있는 성자라도 결국에는 지치게 된다. 이렇듯 보혈이 미움의 순환고리를 끊지 않기 때문에 생존의 핵심에 십자가가 있다. 보혈은 마음에 있는 결과물을 깨끗이 해줄 뿐이다. 오직 십자가만이 육신의 파괴행위를 멈춘다.

회개는 감정이 아니다. 행위이다. 미안하다고 느낀다고 해서 큰 변화가 일어나지 않는다. 미움의 순환고리가 끊어지고 사랑의 자극으로 변화될 때에야 관계 안에서 변화가 일어난다. 변화는 개인적으로 그리고 점차 관계 안에서 일어난다. 잘못된 행위를 불러일으키고 잘못된

행위에 반응하는 구조가 십자가에 못박혀야만 개인적인 변화가 일어난다. 십자가에 못박힘이 없으면, 싸움 장면이 끊임없이 여러 형태로 반복될 것이다.

많은 상담자와 내담자는, 사람이 말하거나 행동하는 표면적인 방식을 변화시킴으로써 관계의 치유를 시도한다. 모든 말과 행위 뒤에는 육적 본성으로 인한 내면의 의도와 숨은 구조의 강이 있다. 그래서 물이 새어나와 강둑이 터지는 것을 막기 위해 제방 안에 손가락을 끼워봤자, 다른 틈을 발견하고 또 다른 틈을 발견해서 모든 손가락과 발가락을 벌려 벽의 틈을 막아도, 감정과 사건이 체에서 빠지듯 흘러나가 결국에는 모든 관계가 확 터져버린다.

겟세마네에서 우리와 같이 되심으로써, 우리 주 예수 그리스도는 십자가에서 우리가 되어 우리를 위해 죽으실 (우리의 자유의지 때문에 필요한) 권리를 획득하셨다. 그 죽음은 자아의 구조를 무너뜨린다. 우리의 육체의 몸이 죽는 순간, 몸을 떠난 영은 더 이상 그 구조를 유지할 통로를 갖지 못하고 무너져 쇠하게 된다. 우리 마음의 태도가 십자가에서 죽음의 종소리를 듣는 순간, 마음이 유지하던 구조가 십자가에서 죽기 시작한다. 각각의 연속적인 내면의 죽음에서 우리는 과정을 거친다. 우리 믿음의 선구자요 개척자인 주님이 죽으시고 부활하심을 통해 예표하셨듯이, 우리 자신도 단계를 거쳐 가게 될 것이다. 예수님처럼 잠시(땅 속에서의 3일) 후에는, 우리 안에 새롭게 부활한 영이 막 죽은 옛 구조에 새롭고 변화된 의지로 채우는데, 이 의지는 다른 사람의 마음을 만나 치유하기 위해 '잠긴 문과 창문' (요 20:19-26)을 통과할 수 있다.

성품구조가 죽을 때 우리 속사람의 부분은 비유적으로 '땅 속'으로 가라앉는다. "요나가 밤낮 사흘을 큰 물고기 뱃속에 있었던 것같이 인자도 밤낮 사흘을 땅 속에 있으리라"(마 12:40). 성경적 상징으로 볼 때에 배는 생각과 감정이 담긴 곳이다. "나를 믿는 자는 성경에 이름과 같이 그 배에서 생수의 강이 흘러나리라 하시니"(요 7:38) "하지만 마리아는 이 모든 말을 마음에 지키어 생각하니라"(눅 2:19). 우리 자아의 한 부분이 죽는 것은 우리 내적 존재 전체에 격변이나 깊은 진동을 일으킨다. 우리는 슬픔, 혼란, 방향상실, 낙담, 무거움, 졸음 혹은 소동을 겪는다. 이 시기에 우리 동기와 습관의 밑바닥 깊은 곳 전반에 걸쳐 죽음이 일어난다. 진정 우리도 예수님처럼 땅 속 깊은 곳에서 삼일을 지낸다.

'삼일'은 한 순간일 수도, 몇 시간, 몇 날, 혹은 몇 달이 될 수 있는데, 그 기간은 우리가 우리의 복잡함 안에 무엇이 있는지 아는 여부에 따라 다르다. 폴라와 나는 많은 내담자가 '삼일'을 보낼 때 방문하곤 했다. 그들은 다음과 같은 종류의 말을 한다.

"내게 어떤 일이 일어나고 있는지 모르겠어요."

"항상 너무 피곤해요."

"마치 마비된 것처럼 몸이 무거워요."

"아무 것도 하고 싶지 않은 것 같아요."

"평소의 정상적인 감정을 못 느끼는 것 같아요."

"얼빠진 사람처럼 돌아다니고 있어요."

"내 속에 뭔가 흔들리는 것이 있는 것 같아요."

"모든게 엉망이에요."

"내 속 어딘가에서 지진이 일어나는 것 같은데 그게 무언지 모르겠어요."

"항상 자고만 싶어요."

"이렇게 될 거라고는 말씀하지 않았잖아요. 이렇게 얼마나 오래 갈까요? 이게 정상인가요?"

가장 일반적인 경험은 극도의 피로감이다. 실제 일어나는 일은, 너무도 필요했던 휴가 첫날에 일어나는 것과 유사하다. 우리가 템포를 늦추면 피로가 우리를 따라잡는다. 실제로 피로함은 새로운 것이 아니다. 늘 있었다. 우리가 템포를 늦추면 누적된 과거의 피로를 현재 느끼게 되는 것이다.

예수님은 수고한 자들을 부르러 오셨다. "수고하고 무거운 짐진 자들아, 다 내게로 오라. 그러면 내가 너희에게 쉼을 주리라. 나는 마음이 온유하고 겸손하니 내 멍에를 메고 나에게서 배우라. 그리하면 너희가 너희 혼에 쉼을 얻으리라. 이는 내 멍에는 쉽고 내 짐은 가볍기 때문이라."(마 11:28-30, 흠정). 옛 본성에 있는 모든 구조의 특징은 쉬지 못하는 것이다. 우리 안에 하나님께서 지으신 것은 무엇이나 주님이 안식하심과 같이 쉰다(히 4:10). 우리 안에 있는 우리가 만든 것은 무엇이든지 안식이 없다. 이것들은 끊임없이 점검받고, 재교정받고, 지켜지고, 평가받고, 인정받아야 한다. 이렇듯 각 습관은 그것을 유지하는데 에너지가 필요하다. 종종 무슨 생각했는지 잊어버리는 이유가 바로 이때문이다. 우리의 내적인 갈등으로 인해 더 많은 에너지를 필요로 하는 내적 싸움에 에너지를 빼앗김으로 표면적인 생각의 집중력이 작아진다. 그렇기에 우리가 예수님과 함께 십자가에서 죽을 때 우리의 내적존재가 주님과 함께 무덤에 가고, 우리가 템포를 줄이면서 항상 있었던 감정적, 정신적, 영적 피로에 빠져드는 것을 허용하게 된다.

내적 죽음의 시간은 줄일 수 없다. 예수님처럼 길든 짧든 '땅 속에서의 3일'이 필요하다. 아, 모든 상담자는 이제 우리말을 들으라. 내담자를 너무 빨리 끌어 올리려 해서는 안된다! 또한 우리는, 죽음의 십자가에서 내려올 때에 그 곳에서 우리를 안식하도록 눕혀줄 아리마대 요셉과 니고데모가 필요하다(마 27:58-59). 이 말의 실제적인 의미는, 우리의 변화를 지지하고 우리가 다르게 행동하거나 또는 행동하지 못해도 위협받지 않을 사람이 필요하다는 뜻이다. 우리 곁에 서서 옛 행동방식으로 돌아가도록 강요하지 않는 사람. 단지 그 자리에 서있기만 하면서 우리가 그들에게 익숙한 일을 중단할 때에도 우리를 용납해주는 그런 사람. 우리가 이전의 게임을 더 이상 하지 않는다고 화내지 않는 사람. 더 이상 존재하지 않는 이전의 감정의 중심으로부터 반응하기를 요구하지 않고, 상처받거나 우리를 비난하거나 조종하지 않는 사람. 우리가 엉망진창으로 있어도 놔두면서 그럼에도 불구하고 우리를 사랑하는 사람. 우리는 그런 사람이 필요하다.

또한 우리는 죽음의 긴 밤 내내 우리 곁에서 보초 설 로마의 백부장과 그의 병사들이 필요하다. 우리는 내적죽음의 시간 중에 벌어지는 새로운 사건과 도전의 소란스러움을 감당할 수 없다. 우리의 느슨해진 것을 붙잡아 주고 사소한 일들을 처리하며, 우리가 전에는 기계적으로 쉽게 되풀이하곤 했던 사소한 일을 실수하더라도 비난하지 않을 사람이 필요하다. 상대팀이 쿼터백에게 달려드는 것을 수비가 오래 잘 막

아주면 쿼터백이 충분히 여유를 가지고 앞에 새로운 길을 여는 (인생의) 경기를 하듯이 우리는 포켓(역자주: 쿼터백에게 여유를 주는 수비)이 필요하다. 우리에게는 시간을 갖고 통과해야 할 내면의 죽음의 밤이 있기 때문이다.

우리는 동산에 마리아와 함께 계셨던 예수님처럼 누가 금방 우리를 만지는 것에 대해 준비되지 않을 수 있다(요 20:17). 예수께서 아버지께 가셔야했듯이, 새로운 삶이 정착되기까지 우리도 새로운 삶에 대한 조용한 확증이 필요하다. 그리고 "모든 은혜의 하나님 곧 그리스도 안에서 너희를 부르사 자기의 영원한 영광에 들어가게 하신 이가 잠간 고난을 받은 너희를 친히 온전케하시며 굳게 하시며 강하게 하시며 터를 견고케 하시리라"(벧전 5:10). 사람들은 우리를 알아보지 못할지 모른다(요 20:14, 눅 24:16). 그들은 새로운 우리 모습에 익숙하지 않고, 우리도 익숙하지 않다. 그래서 옛날의 익숙함으로 인해 우리의 모습을 당분간 보류할 필요가 있다. 또 다른 비유를 들자면, 우리는 새롭게 개량된 엔진모터와 같아서, 새 피스톤 링이 잘 자리잡기 전까지는 최대한으로 가동시켜서는 안된다. 우리는 조심해서 우리 자신을 새로와진 옛 육체에 넣을 필요가 있다.

상담자는 곁에 서서 내담자가 과정을 통과하도록 놔두는 지혜와 인식이 필요하다. 서두르면 그들이 가질 안식과 새로운 정체성의 완전함에 이르지 못할 수 있다.

고려해야 할 숨겨진 사실이 있다. 무덤 속의 삼일 동안 예수님께 무슨 일이 있었는지는 아무도 모른다. 우리는 그분이 하신 일은 안다. "그리스도께서 한번 죄를 위하여 죽으사 의인으로서 불의한 자를 대신

하셨으니 이는 우리를 하나님 앞으로 인도하려 하심이라 육체로는 죽임을 당하시고 영으로는 살리심을 받으셨으니 저가 또한 영으로 옥에 있는 영들에게 전파하시니라(벧전 3:18-19). 하지만 우리는 주님이 어떤 형태로 변형되셨는지(변형되셨다면) 아니면 어떻게 변형되셨는지 알지 못한다. 우리는 예수님이 고난으로 말미암아 온전케 되셨음을 안다(히 2:10). 어쩌면 온전케 되시는 과정이 우리 대신 죽음을 겪는 깊음의 그 자리에서도 계속되었을 수 있다. "다 이루었다"는 말씀이 그 (온전케 되시는) 과정을 지칭하는 것이 아니라면 말이다. 예수님께 무슨 일이 계속 일어났든 아니든 간에, 우리 안에는 '땅속에서의 삼일' 중에 그 과정이 반드시 일어난다. 이 시기에 상담자는 그 비밀을 보호해야 한다. 이 말은 내적성찰을 멈출 필요가 있다는 뜻이다. 상담 중에 폴라와 나는 종종 성령님께서 그 기간 중에는 '속을 들여다보는 일'을 중단할 것을 내담자에게 말하라고 감동주시는 것을 느낀다. 그러한 때에는 주님께서 내담자의 내적 본성에 관해 더 이상 계시하지 않으시며, 이미 알게 된 내담자의 내면 외에는 아무것도 다루지 말아야 할 시간임을 분명히 하신다. 후에 죽음의 시간에 다른 일이 드러날 수 있지만 바로 그 순간에는 많은 죽음과 속 깊이 개혁이 일어나고 있기 때문에, 폴라와 나는 아무 것도 보지 않고 앉아서 기뻐 해주려고만 한다. 때론 이렇게 이야기해야 한다. "잘 되어가고 있는지 보려고 씨를 파내는 걸 멈추고 그냥 놔두지 않겠어요?" 그 때 우리가 하는 거룩하고 영적인 충고는, 내담자가 싸구려 서부 소설을 읽거나 코메디를 보거나 게임을 하는 등, 생각이 외적인 일로 바빠져서 내적 성찰을 하지 못하게 하는 어떤 일이라도 해서, 내적존재가 홀로 있게 하라는 것이다.

예수님께서 육체적으로 상한 몸으로 다시 돌아오셨다는 사실이 얼마나 중요한가. 아무리 얘기해도 지나치지 않은 모든 신학적인 중요성을 차치하고라도, 속사람에게는 이것이 변화의 본질이라는 중요한 의미가 있다. 마찬가지로 우리 자신의 새 본성도 우리의 옛 구조 내에서 생겨난다. 우리 자신으로부터 도망가 다른 곳으로 옮겨져서 뭔가 다른 인격을 가지면 되는 것이 아니다. 성품이 완벽해 보이는 친구나 이웃 혹은 우리가 좋아하는 성자와 같아지길 원할지도 모르겠다. 하지만 하나님은 우리가 그런 사람이 되도록 부르지 않으셨다. 그 분은 우리가 우리 자신이 되고, 우리 안에 있는 예수님의 부활의 생명으로 말미암아 변화되어 엉망이었던 모습 안에서 새로운 우리가 되게 하시려고 우리를 부르셨다.

예수님이 우리를 대신하신다함은 그분 자신의 존재를 마치 생강빵(gingerbread) 형태의 과자 모양틀에 찍어내듯 우리에게 겹쳐놓았다는 뜻이 아니다. 오히려 그분의 본성은 우리를 위해 완전히 죽으셔서 우리가 되어야 할 독특하고 영광스러운 모습으로 채우신다. 십자가에 못박힌다고 해서 우리의 모습 중에 뭔가를 빼앗기는게 아니다. 우리는 완전해진다. 주님의 생명이 우리 삶의 구조를 부활의 권능으로 채우셔서 처음부터 그분이 예정하신 우리 모습인 영광이 되게 하신다. "하늘에 속한 형체도 있고 땅에 속한 형체도 있으나 하늘에 속한 자의 영광이 따로 있고 땅에 속한 자의 영광이 따로 있으니 해의 영광도 다르며 달의 영광도 다르며 별의 영광도 다른데 별과 별의 영광이 다르도다. 죽은 자의 부활도 이와 같으니 썩을 것으로 심고 썩지 아니할 것으로 다시 살며"(고전 15:40-42).

유쾌하신 우리 하나님은 다양함을 기뻐하신다. "만군의 여호와여 주의 장막이 어찌 그리 사랑스러운지요"(시 84:1). "너희 몸은 너희가 하나님께로부터 받은 바 너희 가운데 계신 성령의 전인 줄을 알지 못하느냐 너희는 너희의 것이 아니라"(고전 6:19). "너희도 성령 안에서 하나님의 거하실 처소가 되기 위하여 예수 안에서 함께 지어져 가느니라"(엡 2:22). 하나님은 결코 한 개인을 다른 사람같이 만들지 않으신다. 아무도 대치될 수 없다. 하나님의 자녀는 누구나 그 자체로 독특하고 영광스럽고, 온전해질 필요가 있다. 그러므로 상담자는 자기 생각에 타당한 것을 내담자 안에 구축하려고 하지 않는다. 지구상에서 가장 큰 손실은 존&폴라 샌드포드와 똑같이 행동하는 무리가 있는 것이다. 복제품을 만들면 우리가 실패한 것이다. 모든 상담자는 옆에 서서 예수님이 내담자를 하나님이 예정하신 창조의 독특한 경이로움으로 부활시키는 것을 지켜본다. 각 나비의 독특한 아름다움이 나타나는 것을 지켜보는 것이 상담자의 기쁨이다.

앞서 언급했듯이, 내적죽음이 일어나 우리가 새로운 피조물로 나타나기 전까지는 미움의 순환고리가 깨지지 않는다. 우리의 옛 습관의 패턴은 계속해서 우리와 다른 사람 안에 분노를 자극한다. 그래서 싸움은 거듭된다. 더군다나 이제 우리가 한 영역에서 자아의 거짓 게임을 따라잡는 중에 있더라도, 다른 영역에서는 우리 자신을 좇아가서 자신의 반응을 점검하고 그 반응을 십자가에 처하게 하는 노력을 시작했든지 아니면 시작조차 하지 않았다. 쉽게 성자가 되는 방법이 없다. 인내만이 있을 뿐이다(히 3:14, 히 12:1). 순간적으로 경계에 방심하면 우리는 다시 바깥에서 싸움을 한다. 우리가 이 짓에 얼마나 지쳤는가.

평강은 전체 구조가 다루어져야 온전하게 찾아온다. 회심의 순간에 심령 깊숙한 곳에서 완전히 평강을 얻었지만, 전체 속사람이 다루어지고 자아가 변화되기 전까지는 평강이 우리 삶 전체에 머무르지 않는다.

그렇지만 변화는 우리 안에 계신 주님의 임재의 지속적인 은혜에 의존한다. 우리가 기도하지 않고 메마르게 산다면, 그 메마른 환경은 새로움이 아닌 육적인 옛 것을 부활시키는 기반이 된다. "주께서는 '생각이 주께 의탁된' 사람을 완전한 화평 속에 지키시리니, 이는 그 사람이 주를 의뢰함이니이다"(사 26:3 흠정) (역자 주: '마음을 주께 의탁하는'을 원문에 따라 '생각이 주께 의탁된'으로 재번역함). 우리가 결심이나 육신의 어떤 힘으로 생각을 그 분에게 두는 것이 아님에 주목하라. '의탁되는' 일은 주님이 하신다. 그래서 주님 안에 거하는 자가 많은 과실을 맺게 된다(요 15:1-5). "또 무리에게 이르시되 아무든지 나를 따라오려거든 자기를 부인하고 날마다 제 십자가를 지고 나를 좇을 것이니라"(눅 9:23). 상담 중에 다루게 되는 가장 공통적인 요소는 거듭난 크리스천 안에 있는 죽지 않은 육신이다. 십자가에 못박힘에 대한 이해는 그리스도 안에서 몸이 성숙하는데 결정적으로 중요하다. 따라서 다음의 차이점에 주목하라. 육체의 죽음은 쉽고 금방 이루어지지만 십자가에 못박힘은 느리고 고통스럽다. 나아지는 것은 더욱 느리고 고통스럽다. 즉각 만들어진 성자가 없듯이 즉각적인 변화도 없다.

감독교회의 교구 목사인 우리의 친구 알 듀란스(Al Durrance)가 즐겨 입은 티셔츠에는 이런 문구가 씌어있다. "산 제물의 문제는 제단에서 기어내려가려 하는 것이다." 얼마나 맞는 말인가! 우리는 실패로 인한 당혹감을 여러번 겪어야 할 뿐 아니라 그것이 너무 괴로워서 죽음을 두려워하는 것 이상으로 자신의 모습을 참기 힘들고, 결국에는 죽지 않고는 못 배기는 수준에 이르러야 한다.

　자신을 십자가에 못박는 일은 성공적으로 할 수 없다. 주님이 우리로 거치게 하시는 과정이 우리를 끌고 가야 한다. 만약 우리가 스스로 이 일을 한다면, 옆 사람보다 우리가 더 죽게 되었다는 자만심을 결코 피할 길이 없다. "글쎄, 친구. 자네가 충분히 죽게 되었을 때에야 나만큼 거룩해질 걸세."

　그리하여 주님은 우리의 구원을 지휘해 나가실 때, 우리가 하는 역할이 있음에도 불구하고 우리가 십자가에 못박힌 것을 자신의 공로로 삼을 수 없게 하셨다. 그리스도 안에서는 어떠한 자랑거리도 없다. "이는 아무 육체라도 하나님 앞에서 자랑하지 못하게 하려 하심이라 너희는 하나님께로부터 나서 그리스도 예수 안에 있고 예수는 하나님께로서 나와서 우리에게 지혜와 의로움과 거룩함과 구속함이 되셨으니 기록된 바 자랑하는 자는 주 안에서 자랑하라 함과 같게 하려 함이니라" (고전 1:29-31).

　오직 그렇게 하나님의 섭리에 의해서만 죽음과 부활이 일어난다. 이제 모든 상담자, 실상 모든 크리스천이 바로 이 사실에서 유추할 수 있는 다음의 내용을 들을 수 있는지 보자. 만약 우리 자신이 개인적으로 십자가에 못박히도록 하나님의 계획의 은혜를 따라 정확한 때와 방법으로 우리를 움직이는 분이 성령님이라면, 우리가 왜 형제를 그들의 현재 처한 시기와 장소를 놓고 판단해야 하는가? 우리는 고집스럽게 느린 것, 다른 사람과 우리가 마지못해 하는 것을 보고 화를 내기 쉽지만, 주님의 시간에 따라서만 우리가 십자가에 못박힘을 이해한다면,

모든 조바심과 요구는 사라진다. 하나님은 지혜 가운데 우리를 인생의 장기판 위에서 어떻게 움직여야 하는지를 아신다는 것을 우리가 알고 있기 때문이다. 형제가 미성숙하다고 우리가 비난할 수 있을까? 우리의 완고함에도 불구하고 하나님이 끈질기게 주장하셨기에 망정이지 그렇지 않았다면 우리 역시 미숙한 채로 있을 것이다. 아마도 형제의 때가 아직 아닐런지 모른다. 더디든 반항적이든 간에 하나님께서 판단하시도록 하라. 따라서 상담자의 책임은 찌르고 밀고 당기는 것이 아니다. 어쩌면 성령님이 상담자에게 권면하고 재촉하라고 감동주실 수도 있지만, 우리의 육신은 아무 것도 성취하지 못한다.

"진실로 진실로 내가 네게 말하노니 네가 젊어서는 너의 허리띠를 스스로 두르고 원하는 곳으로 다녔어도 늙으면 네 팔을 벌리고 다른 사람들이 띠를 둘러 주며 또 원치 않는 곳으로 너를 데려가리라"(요 21:18, 흠정). 예수님은 사람들이 베드로를 십자가에 거꾸로 매달 때를 특별히 언급하시며 베드로에게 이렇게 말씀하셨다. 하지만 십자가에 못박히는 것이 본문의 배경이므로, 본문을 우리를 위한 비유로 취할 수 있음에 유의하자. 우리가 처음 거듭나 성령충만할 때에는 우리 자신의 감정과 개인기도생활에 따라 (띠를 스스로 두르고) 여기저기 급히 다닌다. 우리 자신의 사역을 진행시키기 위해 이 말씀 저 말씀을 나누고 이 은사 저 은사를 시도하며 여기저기를 달려간다. 우리가 '원하는 곳으로 다닌다.' 예수님 안에서의 성숙은 십자가에 못박힘을 뜻한다. 요점은 주님께서는 다른 사람이 우리를 데려가는 방법을 통해 십자가에 못박힘을 성취하신다는 점이다. 우리는 사역을 하고 또 사역을 받기 위해 우리의 '팔을 벌린다'. 그런데 다른 사람들이 우리를 붙잡아 우리가 원치 않는 곳으로 데려간다. 자아의 죽음으로 말이다.

　상담자를 위한 교훈은, 하나님께서 내담자의 가는 길에 놓으신 사람과 상황에 대해 싸우기를 멈추라고 격려할 필요가 있다는 점이다. 바로 그 사건과 사람이 우리를 죽음으로 데리고 간다(바로 그렇기에 우리가 싸운다). 우리가 싸움을 멈추지 못할 수도 있다. 모든 과정을 좋아하지 않을 수도 있다. 그러나 적어도 이해할 수는 있다. 그리고 이로 인해 (어쩌면 이를 악물면서) 하나님을 찬양한다. "그 분이 나를 죽이실지라도 나는 그 분을 신뢰하리라"(욥 13:15, 흠정). 우리는 요즘 '그분이 주님이시기에'라는 찬송을 자주한다. 진정으로 그렇게 찬송하는가? 이를 믿는가? 그분의 주되심이란 주님이 우리로 그 과정을 거치게 하신다는 뜻임을 신자의 믿지 않는 마음이 실제로 기대하는가? 어쩌면 우리는 삶의 모든 것 가운데에 가장 값진 것, 즉 그분이 정말 그분이 되시고, 그분이 하기로 목적하신 바를 이루실 것을 신뢰하기를 배울 수 있다. "자기 앞에 영광스러운 교회로 세우사 티나 주름잡힌 것이나 이런 것들이 없이 거룩하고 흠이 없게 하려 하심이니라"(엡 5:27). "능히 너희를 보호하사 거침이 없게 하시고 너희로 그 영광 앞에 흠이 없이 즐거움으로 서게 하실 자"(유 1:24).

　치유를 어떻게 유지하느냐를 가르침으로 본 장을 맺겠다. 믿음 위에 설 필요가 있다. 일단 십자가에 못박힘이 진행되든지 완료되었든지 간에, 우리는 그 사실을 느끼고 생각하고 말하고 행동하는 바를 통해 제 것으로 삼아야 한다. 우리가 기도한 것을 계속 죽은 것으로 여길 필요가 있다. 많은 사람들이 치유기도 받고 바로 시험해본 후 옛 감정을 똑같이 느끼고는, "아, 치유되지 않았어"라고 결론짓는다. 그러고는 바로 예전의 똑같은 감정에 다시 빠져든다. 옛 습관은 바람에 흔들리는 편경(編磬, 돌로 만든 차임)마냥 계속해서 울린다. 하지만 옛 습관을 십자가에 처했다면, 그것은 그야말로 바람 속의 소리에 불과하고, 그 안에 더 이상 아무런 실제적인 힘이 없다. 옛 습관은 진정 죽었고 우리는 새로워졌다. 하지만, 우리가 여전히 옛 습관이 살아있다고 믿고 그것과 싸우는데에 함몰된다면, 우리는 십자가에 못박힌 옛 구조에 거짓된 생명을 불어 넣어주고 불필요하게 처음부터 다시 씨름할 수 있다.

질투나 짜증이나 비판적으로 되는 것, 어떤 습관이든 간에 기도한 후에도 계속해서 확 올라올 것이다. 하지만 우리가 뿌리에 도끼를 대고 기도하면, 그것은 실제로 죽는다. 옛 습관이 자꾸 우리를 괴롭히도록 놔둔다면, 우리는 우리 본성 안에 있는 귀신과 귀신이 출몰하는 낡고 빈 집에 놀라 우르르 도망다닐 수 있다. 내담자가 "그 나중 형편이 처음보다 더 심하리니"(벧후 2:20)처럼 후퇴하는 이유가 단지 우리의 불신앙과 자기훈련의 부족 때문일 때가 종종 있다.

만약 내담자가 옛 것이 여전히 살아있다고 믿는다면, 그는 옛 것과 맞붙어 싸움으로써 그것에 힘을 실어주든지 아니면 굴복하여 옛 습관에 주저앉게 된다. 둘 다 불필요한 일이다. 그가 할일은 옛 감정과 싸우지 않고 단지 "난 이제 더 이상 그렇게 느낄 필요없어. 그건 죽었어."라고 말함으로써 그 감정을 거절하는 것이다. 그리고 그 시점부터 옛 감정을 무시하면서 자신이 원하는 삶을 계속해서 사는 것이다. 또는 그것이 생각이나 행동이라면, 그 순간부터 그 생각을 무시하고 새로운 방식으로 행동하면서 옛 생각과 행동을 거절하기만 하면 된다. 옛 것이 여전히 존재하는지 자문하지 말고, 자신과 싸우지도 말고, 이에 대해 생각하지도 말라. 이처럼 옛 것에 실재성을 부여하지 말라.

한번 다루어진 본성의 옛 형태는 마치 용수철이 망가진 괘종시계의 흔들리는 추와 같다. 우리가 추를 그냥 놔두고 다시 건드리지 않으면, 곧 속도가 느려지면서 멈춘다. 또는 튀어오르는 공과 같다. 우리가 드리블하기를 멈추면, 결국 공은 튀지 않고 굴러가다가 멈추게 된다. 우리는 죽은 증상에 주의를 기울이지 않는 법을 배워야 한다. 모든 감정은 자체 내에 생명력이 있고 죽기를 원치 않는다. 우리의 생각 역시 사라지지 않으려고 버둥거린다. 우리가 뛰어 들어 다시 그들과 싸우면, 감정과 생각은 신나하며, 계속 살아서 중심무대에 서고자 우리를 지속되는 문제에 빠져들게 할 수 있다.

그러므로 너희는 죄로 너희 죽을 몸에 왕 노릇 하지 못하게 하여 몸의 사욕을 순종치 말고 또한 너희 지체를 불의의 병기로 죄에게 드리지 말고 오직 너희 자신을 죽은 자 가운데서 다시 산 자같이 하나님께 드리며 너희 지체를 의의 병기로 하나님께 드리라. 죄가 너희를 주관지 못하리니 이는 너희가 법 아래 있지 아니하고 은혜 아래 있음이니라.(롬 6:12-14)

우리의 생각과 마음은 우리가 온전해지는 것을 원치 않고 계속 위기를 만들려고 한다. "육신의 생각은 하나님과 원수가 되나니 이는 하나님의 법에 굴복치 아니할 뿐 아니라 할 수도 없음이라"(롬 8:7). 우리가 기도한 후에는 새로운 삶을 살면서 옛 신호를 무시함으로써 마음과 생각을 매일 죽음에 처하게 한다.

성적으로 남편에게 자신을 내어주지 못하는 한 여인이 찾아왔다. 뿌리를 발견하고 옛 자아구조를 십자가에 가져간 후에도, 그녀는 여전히 남편이 다가오면 긴장했다. 그녀의 생각과 감정은 마치 반항적인 어린 아이처럼 흩어져 도망다녔다. 그녀는 자신의 감정, 생각과 싸우지 않고, 자신의 계속되는 실패에 화내지 않는 법을 배웠다. 오히려 조용히 "나는 그걸 거부한다"라고 말하고는 남편의 애무와 영에 자신을 여는 일에 집중하였다. 그녀는 곧 따스하고 사랑스러워졌고 즐거운 시간을 갖게 되었으며, 남편 역시 그러했다.

무가치함과 외로움과 자기연민의 감정에 눌린 한 여인이 찾아왔다. 뿌리에 도달한 후에, 그녀는 이전의 감정이 자꾸 나타나 자신을 학대하는 것을 허용하지 않는 법을 배워야 했고, 그래서 자신의 생각이 그런 증상에서 벗어나 딴 생각하도록 하는 일을 찾아 했다. 수주일 후에 그녀는 자신이 전에 무얼 느꼈는지조차 기억하지 못했다.

자녀와 즐겁게 시간을 보내지 못하는 한 남자가 찾아왔다. 뿌리를 다루고 나서, 그는 자신이 바라는 새로운 삶이란 자동적으로 주어지지 않음을 알게 되었다. 그는 달라붙어 아이들과 함께 지내면서 게임하고 산책하고 낚시가고 책을 읽어주었다. TV의 유혹과 이전의 감정, 느낌이 없는 것을 무시하였다. 어느 정도 시간이 흐른 후 그는 아이들과 매우 즐거운 시간을 가지게 되어서, 이전에는 왜 그러한 기쁨을 몰랐는지 의아하게 여길 정도가 되었다.

마지막 요점. 우리가 알게 된 법칙은 단지 고통만을 제거하기 원하는 사람은 낫지 않는다는 것이다. 자신의 이기적이고 자기중심적인 생활을 계속해서 즐기기 원하는 사람은 결코 자유롭거나 행복해질 수 없다. 그들은 단지 문제(바로 하나님께서 우리를 깨우기 위해 사용하시는 바로 그 문제)로부터 탈출해서 자신에게 쾌락을 주는 맘몬신을 계속 섬기려고 한다. 하지만 남을 섬기기 위해 자신의 삶을 내려놓는 것이 기쁨인 자는 금방 좋아지고 행복해진다. 실상 인생의 비밀은 그것을 잃어버리는 것안에 있다(눅 17:33).

제 7 장 크리스천 상담자의 역할
The Role of a Christian Counselor

하나님은 교회를 통해 우리가 매일 거듭나고 양육받게 하신다. 오늘날 더 많은 이들을 새로이 교회로 태어나도록 부름받은 존재가 바로 교회이다. 우리가 믿기로는, 이것이 오늘날 그리스도의 몸에 주어진 주된 부르심이다.

"너희는 이 세대를 본받지 말고 오직 마음(생각)을 새롭게 함으로 변화를 받아 하나님의 선하시고 기뻐하시고 온전하신 뜻이 무엇인지 분별하도록 하라"(롬 12:2). '받아' 라는 한 단어를 주목해 보라. 때로는 주님이 그냥 치료해주시면서 왜 또 다른 때에는 한 부분의 성화를 위해 제대로 된 지식을 가져야하는지 우리는 알 수 없다. 어떤 사람은 구속과 성숙함이 온전해지기 위해서는 정신적인 이해와 죄고백이 중요하다고 하는데, 우리가 보기에 이는 의식의 생각을 왕좌에 앉히는 일이다. 생각을 새롭게 함으로 변화를 받는 것은 자기를 분석하는 사람이 되어 인생사의 모든 순간을 파내서 정신적인 인식의 빛(혹은 혼동)으로 나오게 해야 함

> 시온은 구로하기 전에 생산하여 고통을 당하기 전에 남자를 낳았으니 이러한 일을 들은 자가 누구이며 이러한 일을 본 자가 누구이뇨 나라가 어찌 하루에 생기겠으며 민족이 어찌 순식간에 나겠느냐 그러나 시온은 구로하는 즉시에 그 자민을 순산하였도다 여호와께서 가라사대 내가 임산케 하였은즉 해산케 아니하겠느냐 네 하나님이 가라사대 나는 해산케 하는 자인즉 어찌 태를 닫겠느냐 하시니라 예루살렘을 사랑하는 자여 다 그와 함께 기뻐하라 너희가 젖을 빠는 것 같이 그 위로하는 품에서 만족하겠고 젖을 넉넉히 빤 것 같이 그 영광의 풍성함을 인하여 즐거워하리라 여호와께서 이같이 말씀하시되 보라 내가 그에게 평강을 강 같이, 그에게 영방의 영광을 넘치는 시내 같이 주리니 너희가 그 젖을 빨 것이며 너희가 옆에 안기며 그 무릎에서 놀 것이라 어미가 자식을 위로함 같이 내가 너희를 위로 할 것인즉 너희가 예루살렘에서 위로를 받으리니

을 뜻하지는 않는다. 어떤 부분은 보지 않고 말하지 않은 채 남겨 두는 게 더 나을 수도 있다. 때로는 의식적으로 전혀 이해하지 못할 때 주님께서 우리의 깊은 생각을 새롭게 하신다. 우리는 자신의 생각이 달라졌음을 보고 (마음의 변화가 있음을 아는데) 왜냐하면 "(변화되지 않은) 마음에서 나오는 것은 악한 생각... "(마 15:19)일 뿐이기 때문이다. 주님에 의해 마음이 변화된다면 의식적인 그리고 무의식적인 생각 모두 새로워진다. 때로 우리는 어린 아이의 방식을 그냥 벗어버린다. 우리는 어린아이처럼 생각하고 어린아이처럼 이해하였지만, 그리스도 안에 어른이 되어서는 그것을 버린다(고전 13:11).

많은 상담자들은, 마치 우리가 올바른 사고에 의해 구원받았다는 듯이, 내담자가 모든 것을 보고 조사하도록 몰아가는 실수를 범한다. 그것은 영지주의이다. 오히려 우리는 주 예수 그리스도라는 인격에 의해 구원받았다. 내담자와 상담자 모두 주님이 보시기에 우리의 변화에 적합한

것이 무엇인지 볼 수 있도록 성령님께 열려 있어야 한다.

우리의 의식적인 인식 없이도 진행되는 변화를 위해서 전체 그리스도의 몸이 쉽게 우리의 자궁과 산파가 된다. 하지만 성령께서 우리가 우리 자신을 이해하는 것이 필요하다고 말씀하시는 경우에는 만인제사장으로 누구나 상담할 수 있지만 그것만으로는 불충분할 수도 있다. 그리스도 안에서 우리의 동료들이 우리의 첫 번째 상담자이어야 한다. 하지만 때로는 특별한 통찰력을 가진 사람이 필요하다. "사람의 마음에 있는 모략(RSV번역본에 따르면 '계획')은 깊은 물 같으니라 그럴지라도 명철한 사람은 그것을 길어 내느니라"(잠 20:5).

그리스도 안에 있는 모든 상담자의 성경적 기초는 예수님이 어떤 분이셨는지에서 찾을 수 있는데 이는 이사야 11:1-3에 표현되어 있다.

> 이새의 줄기에서 한 싹이 나며
> 그 뿌리에서 한 가지가 나서 결실할 것이요
> 여호와의 신 곧 지혜와 총명의 신이요
> 모략과 재능의 신이요
> 지식과 여호와를 경외하는 신이
> 그 위에 강림하시리니
> 그가 여호와를 경외함으로 즐거움을 삼을 것이며
> 그 눈에 보이는 대로 심판치 아니하며
> 귀에 들리는 대로 판단치 아니하며

크리스천 상담자는 그의 눈에 보이고 귀에 들리는 대로 판단해서는 안된다. 그는 통찰의 은사로 사건과 상황을 뛰어넘어 보아야 한다. 상담자는 하나님처럼 중심을 보아야 한다. "...나의 보는 것은 사람과 같지 아니하니 사람은 외모를 보거니와 나 여호와는 중심을 보느니라"(삼상 16:7). 보는 것만으로는 판단의 위험에 빠질 수 있다. "비판을 받지 아니하려거든 비판하지 말라 너희의 비판하는 그 비판으로 너희가 비판을 받을 것이요 너희의 헤아리는 그 헤아림으로 너희가 헤아림을 받을 것이니라"(마 7:1-2). 우리가 결코 판단해서는 안된다는 말이 아니다. 우리는 평가하고 그에 따라 행동해야만 한다. 우리는, 다리가 건너기에 안전한지, 상품이 값을 치룰만한 가치가 있는지, 우리 생명을 특정 의사의 기술에 맡길 수 있는지 등을 판단한다. 더우기 우리는, 어떤 사람을 믿을 수 있는지, 그의 성미에 우리의 감정을 맡길 수 있는지, 그의 비밀유지나 권위와 용서에 대한 인식하에 고백을 할지 여부를 결정한다. 중요한 것은 마음의 자세이다. 앞에서 인용한 이사야 말씀은 심판과 판단에 관한 것이다. 크리스천 상담자는 그리스도 안에서 정죄함이 없다(롬 8:1)는 지식을 확고히 붙잡아야 한다. 우리 모두가 죄 아래 있음을 알기에 십자가 밑에 함께 선다. 성취를 아무리 잘한다 해도 다른 사람보다 낫지 않다. 그렇지 않다면, 우리는 다른 사람의 잘못을 보면서 자신을 높여 세우게 될 것이다. 상담자는 보고 판단하지만 결코 비난하지 않는다. 그는 표면을 보려고 하지 않고 마음의 의도를 보려고 하고, 그래서 상황을 판단하지 않고 실제 일어난 일의 내용을 판단한다.

"그 때에 내가 말하되 화로다 나여 망하게 되었도다! 나는 입술이 부정한 사람이요 입술이 부정한 백성 중에 거하면서"(사 6:5). 크리스천 상담자는 형제의 죄를 자신의 죄로 여겨야 한다. 우리가 형제의 죄를 내 죄로 알지 못한다면 우리가 죄인들 가운데 거하는 일은 쓸데없는 일이다. 우리가 원하건 원치 않건 간에, 우리는 하나이다. 상담자가 특정한 죄를 저지르지 않았다는 사실이 그의 자랑거리가 아니며 주님의 은혜이다. 이 사실을 상담자가 알지 못하면, 그는 자신이 상담하는 사람보다 자신이 더 나은 사람이라는 느낌을 피할 수 없게 된다.

나아가 크리스천 상담자가 자기 죄의 본성이 사납게 날뛴다는 사실을 모른 채 사역을 하면, 그는 보혈이 자신을 씻어 백합처럼 순백이 된 정도 만큼이나 남을 자유케하기 보다는 낙담시키는 일을 할 것이다. 그는 자신이 상담하는 사람을 무시하게 될 것이다. 모든 사역(설교, 가르침, 복음전도)에도 이러한 위험이 있지만, 상담실이라는 폐쇄된 공간에서는 더욱 그러하다.

누구보다 상담자는 인간 마음의 하수도를 걸어 건너가는 사람이다. 상담자가 자신이 하수도에 속한다는 걸 모르고, 자신이 쳐다보는 인생보다 자신이 더 나을게 없다는 걸 모른다면, 그는 바리새인처럼 득의양양해져, 자신뿐만 아니라 내담자까지도 의롭게되지 못한 채로 돌려보내게 된다(눅 18:9-14). 그러한 상담자의 이해하는체 애쓰는 태도는, 조만간 내담자가 그의 마음을 읽기 때문에 거짓 겸손이라는 것이 알려질 것이다. 상담자가 자신을 유한하고 깨어진 자로 인정하고 자신이 다른 죄인처럼 타락한 사람이라고 생각지 않는다면, 그는 다른 사람을 안식으로 인도하지도 못하고 예수님께 모든 영광을 돌리지도 없다. 그는 꾸짖고 비난하며 상처주거나, 죄를 완화시키거나, 벽에 회칠을 한다(겔 13:10-15). 자신을 죄로 아는 것은 주 예수 그리스도 안에 있는 모든 상담자의 필수자격조건이다!

너희 중에 병든 자가 있느냐 저는 교회의 장로들을 청할 것이요 그들은 주
의 이름으로 기름을 바르며 위하여 기도할지니라 믿음의 기도는 병든 자를
구원하리니 주께서 저를 일으키시리라 혹시 죄를 범하였을지라도 사하심
을 얻으리라 이러므로 너희 죄를 서로 고하며 병 낫기를 위하여 서로 기도
하라 의인의 간구는 역사하는 힘이 많으니라 약 5:14-16

철이 철을 날카롭게 하는 것같이 사람이 그 친구의 얼굴을 빛나게 하느니
라 잠 27:17

도략이 없으면 백성이 망하여도 모사가 많으면 평안을 누리느니라 잠 11:14

초기에 사람들이 상담을 받으러 내(존) 앞에 앉을 때에 상담을 못할 정
도로 나를 당혹케하는 두려움이 있었다. 나는 그들을 모두 단번에 온전케
해야 한다고 느꼈다. 그런데 내가 누구길래 그렇게 하겠는가! 지혜 가운
데 곧 알게 된 것은, 그것이 내가 할 일이 아니며 나는 성령께서 그날 하라
고 감동하시는 것만 하면 된다는 것이었다. 하지만 그 때 다른 방향에서
두려움이 엄습해왔다. 그 순간에 필요한 것이 무엇인지 어떻게 내가 알
수 있지? 이 두려움을 극복하는데 오래 걸렸지만, 아직도 남아있다. 모든
크리스천 상담자는 늘 이렇게 기도드려야 한다. "주님, 저로 그가 현재 처
한 자리에 적합하게 행하게 하소서." "제가 단서를 잡을 수 있게 해 주세
요." "이 사람 안에서 주님이 하시는 일에 민감하게 하소서. 방해하거나
행로에서 이탈하지 않도록 하면서 도울 수 있는 지혜를 주소서."
심리학적 상담자와 달리 크리스천 상담자는 내담자 안에 무엇이 있는

지를 발견하기 위해 심리검사를 거의 사용하지 않는다. 만약 사용하다면 내담자에 대해 일반적인 정보를 얻기 위해서이다. 크리스천 상담자는 특정한 날에 다뤄야할 자세한 내용을 계시받기 위해 더욱 성령님께 의존해야 한다. 심리학적 상담자도 이런 차이가 있지만 내면의 문제가 무언지를 보는 (성령님께 공을 돌리지 않겠지만) 일을 한다. 하지만 보이는 모든 것을 해결하거나 극복해야할 문제로 보지 않고 성령님이 "온전케 하시며 굳게 하시며 강하게 하시며 터를 견고케 하시기"(벧전 5:10) 위한 배경으로 바라보아야 한다.

따라서 크리스천 상담자는 다양한 모델로 묘사할 수 있다. 첫째로 그는 야고보서 5:16에 나오는 죄고백을 들어주는 아버지이다. 상대의 죄고백을 들으면서 상담자는 원인을 찾고 아버지로서 훈계하고 가르치며, 만인제사장으로서의 그의 제사장역할 중 하나로 죄사함을 선포해준다.

두 번째, 그는 기름을 부어주고 잔잔한 물가로 인도해주는 목자이다. 양의 두꺼운 털로 인해 양의 몸의 모든 부위에 진드기가 붙지 못하는데, 단 얼굴과 귀에는 붙는다. 목자는 매일 밤 모든 양을 주의깊게 살펴보아 진드기가 있으면 진드기가 떨어져 나갈 때까지 기름을 부어준다. '마음의 진드기' 라는 동양의 관용구는 에너지를 고갈시키는 사고방식을 서술하는데, 증오나 복수심이나 원망과 같이 '삶의 피를 빨아들이는' 것을 뜻한다. 물론 기름은 성령의 기름부으심이다.

양은 물을 빨리 마시질 못한다. 빨리 마시면 위가 팽창된다. 양은 잔잔한 물가에 있어야 한다. 자연적으로 잔잔한 물가를 발견하지 못하면, 목자는 시냇가에 웅덩이를 파고 통로를 만들어 웅덩이에 물을 댄다. 빠르게 흐르는 물은 불안해서 질주하는 혼의 생각과 감정이다. 목자적인 상담자는 경청하는 용납과 조언을 하는 평온하고 조용한 웅덩이가 되어야 한다.

셋째, 상담자는 산파이다. 사람들은 종종 아이를 낳거나 유산하지 않기 위해 애쓰거나 다른 형태의 출생이나 아기와 관련된 꿈이나 악몽을 꾼다. 이는 우리 속사람이 무언가가 우리 안에 태어나는 내적 고통을 표면의 생각에 얘기하는 것이다. 예를 들면, 새로운 생각, 깨달음, 새로운 재능, 어떤 악한 생각이나 육적인 본성의 부활 등이 태어난다. 어떤 출생은 일어나야겠지만, 또 어떤 것은 막아야 한다. 상담자는 때로 내담자를 출산하도록 돕는 주님의 산파로 부름받았다.

넷째, 상담자는 또한 생각과 마음, 혼이라는 죄악의 자궁에서 태어나는 작은 괴물을 처형하는 집행자이다. 상담자는 내담자가 십자가에 가도록 도와주고 일이 끝날 때까지 그곳에 내담자가 있도록 돕는다.

다섯째, 상담자는 한 사람의 삶의 이야기를 모두 듣고 균형을 요구하거나 방향과 속도를 정하도록 돕는 영적인 지도자이다. 그는 이렇게 말할 수 있다. "그 부분을 너무 열심히 다루었군요. 아내와 함께 외식하고 영화를 보는게 어때요."라든가 "이것(혹은 저것)을 읽어보세요." "이런 식으로 기도해 보지 않겠어요?" 또는 "당분간 너무 많이 읽지 마세요." 상담자는 내담자의 삶에 필요한 다음 단계나 균형을 맞추는데에 필요한 일이라면 무엇이든 제안을 한다.

마지막으로, 크리스천 상담자는 그리스도 안에서의 아버지 혹은 어머니가 될 수 있다(21장 '그리스도 안에서의 부모').

크리스천 상담자는 사역하는 친구이다. 그는 크리스천으로 우연히 상담을 하게 된 것이 아니다. 모든 크리스천은 이따금씩 상담하며 자신의 기술을 향상시켜야 한다. 상처받고 혼란이 더욱 커져서 우리를 찾아오는 사람들이 있다. 왜냐하면 도우려는 진지한 열망을 가진 많은 사람에게 충고를 받고 몇몇 이들에게 상담을 받았지만 그들이 훈련받지 않고 기술이 없었기 때문이다. 상담하는 이들은 너무 자주 자신의 경험과 문제를 자신이 상담하는 사람에게 맞는지 여부와 관계없이 투사하려는 경향이 있다. 크리스쳔 상담자는 매일 자신의 지식과 경험을 십자가에 못박아서 자신이 내담자에게 적절하게 되고 내담자와 성령님께 새롭게 열려있도록 해야 한다. 이를 위해서 학습된 훈련이 필요하다. 우리의 소망은 전체 그리스도의 몸이 사역하도록 훈련하는 일의 한 부분을 맡는 것이다. 하지만 몸 안의 어떤 이는 특별히 상담으로 부르심을 받는다. 우리가 본서에서 크리스쳔 상담자라고 언급할 때에는, 분명한 부르심이 있고 상담하도록 성령님께서 은사를 주신 이, 그래서 교회와 목사에 의해 인정받고 기름부음받아 직임을 받을 사람을 염두에 두고 있다.

이런 종류의 크리스쳔 상담자는 봉사의 대가를 받지 않는다. 그들이 심리학적 훈련을 받아서 연방, 주, 카운티나 지방단체가 요구하는 자격증을 획득하지 않았다면, 그렇게 해서는 안 된다. 크리스쳔인 전문 상담자의 경우는 대가를 받고 상담한다. 우리의 자료가 그들에게 도움이 되겠지만, 기본적으로 이 책은 그리스도의 몸 안에 있는 비전문적인 상담자를 위한 것이다.

(우리가 심리학이나 심리학적 상담과 다툼이 없다는 점을 가능한 분명히 하길 원한다. 우리의 절친한 친구이자 조언가 중에는 휫워스 대학의 심리학과 학과장인 윌리엄 존슨 박사가 있다. 우리는 우리가 말하는 바가 심리학적으로 건전한 것인지를 확실케 하기 위해 그에게 확인을 받

았다. 우리는 심리학의 통찰을 귀하게 여긴다. 하지만 심리학자처럼 상담하지 않는다. 우리는 크리스천으로서 하나님의 말씀에 따라 상담한다. 이런 가운데에 성경적으로 건전한 심리학적 인식은 유용하다.)

한편, 교회는 "일꾼이 그 삯을 받는 것이 마땅하다" 와 "곡식을 밟아 떠는 소의 입에 망을 씌우지 말라"(딤전 5:18)의 원리를 따를 수 있다. 교회나 여타 다른 기관은 급여나 다른 형태의 보상을 줄 수 있다. 교회나 기관이 이렇게 하면(우리는 이렇게 하는 사람들을 아는데), 상담자나 기관, 교회나 누구도 먼저 봉사의 대가를 요구하지 않게 된다는 것이 우리의 믿음이다. 스포케인의 한 교회가 수년간 매주 화요일에 가르치고 상담하도록 나를 초청하였다. 교회비서는 나와 내가 훈련한 몇 명의 상담자를 찾아 올 내담자와의 약속 시간을 정해 주었지만, 돈문제에 대해서는 한번도 언급하지 않았다. 당일 내가 봉사한 것에 대해서 교회가 대가를 지불하였지만, 그 교회 내에 훈련받은 상담자 중 어느 누구에게도 돈을 지불하지 않았다. 엘리야의 집에서는 폴라와 나, 그리고 정기적으로 상담을 하는 자넷 윌콕스에게 급여를 주지만, 상담사역에 대한 대가로 돈을 받은 바는 한 번도 없었다. 어떤 내담자는 선물을 남기거나 부쳐주었다. 대략 9년간의 상담사역으로 받은 선물은 엘리야의 집의 수입의 9% 정도에 불과하다. 우리는 주님의 사역을 주며 마땅히 그렇게 해야 한다고 믿는다. 우리가 하는 크리스천 상담은 일차적으로 크리스천의 변화를 목적으로 하며, 불신자는 이차적인 대상일 뿐이다. 상담은 교회에 속한 것으로, 모든 면에서 교회의 지원을 받는다.

어떤 상담자와 기관은 대부분의 사람들이 각 상담 때마다 무언가를 지불해야 자신의 내적인 문제를 더 기꺼이 직면하며 자신이 배운 것을 실천에 옮기고자 한다는 걸 발견했다. 인간의 본성은 자신이 지불한 것에 가치를 둔다. 그래서 각 상담 시간이 의미있게 되도록 하려고 더 애쓴다. 따라서 많은 상담자와 기관은, 처음 몇 번은 그냥 상담해주지만 그 이후에는 매 상담시간마다 30-50불의 상담료를 받는다. 이 돈은 물론 상담자에게는 도움이 되지만, 내담자를 자극시키는 데에 주된 목적이 있다. 어떤 내담자는 관심받는 것을 즐기고 문제에 직면하여 상담을 끝내고자 하는 굳은 결심은 전혀 없이, 주기만 하는 상담자를 등쳐먹는 사람이 있다. 이것을 끝낼 수 있는 것은 보통 단호하게 받는 상담료이다.

이따금씩 불신자가 상담을 받으러 찾아온다. 우리는 가능한 직선적으로 이같이 말한다. "우리는 크리스천으로서 상담을 합니다. 우리의 방법과 유일한 능력은 십자가와 기도입니다. 당신이 이를 받아들인다면 기꺼이 돕겠지만, 그렇지 않다면 다른 상담자를 찾아보시는게 좋겠습니다." 우리는 내담자가 예수님을 주님과 구주로 영접할 것을 요구하거나 믿음을 가질 것을 청하지도 않겠지만(눅 5:23-24), 그렇다고 믿음으로 사역하는 일을 삼가하지도 않을 것이며 내담자가 이를 알고 수용해야 할 필요가 있다고 덧붙인다. 상담과정 중에 대개 내담자는 예수님을 주님과 구주로 영접한다.

우리는 우리가 상담하지 않았거나 우리와 함께 있지 않는 사람의 내면의 변화를 위한 기도를 믿지 않는다. 타인의 내적 영역은 거룩하고 사적인 땅이다. 지금 구두로 초청하지 않는 한 우리는 그 곳에서 아무 권한이 없다. 얼마 전 그리스도의 몸 안에서 어떤 교사가, 사람이 잠들었을 때에 하나님께서 그들을 변화시키시도록 요청하는 기도를 드리라고 가르치기 시작했다. 우리는 그것은 비난받을만한 행동이라고 여긴다. 이것은 불공정하고 다른 사람을 조작하는 마술과 유사한 일이다. 하나님은 전능하신 분이지만 그 분은 결코 사람의 자유의지를 침해하는 방식으로 사람을 변화시키지 않으신다.

두 가지 예외는 있다. 부모는 하나님으로부터 자녀를 양육토록 임명 받았기에 자녀의 성품을 형성한다. 십대 이전의 자녀의 경우 잠든 동안 부모가 속사람과 관련된 기도를 할 수 있다. 매일 밤마다 오줌싸는 어린 아들을 염려하는 한 부부가 찾아왔다. 우리는 그들에게 아이가 잠든 뒤 아이 방에 가서 부드럽고도 큰 목소리로 아들로 인해 감사드리며, 아이를 사랑으로 채워달라는 긍정적인 기도를 드리라고 일러주었다. 그들은 그렇게 했고, 한 주 지나지 않아서 아이는 오줌싸는 일을 멈추었다. 우리는 그 부부에게, 오줌싸는 문제에 대해 기도하거나 그 문제를 언급하라고 하지 않았고, 오직 내면의 아이를 위한 사랑의 긍정적인 기도를 드리라고 했을 뿐이다.

정신과의사가 나(존)의 사촌을 희망이 없다고 포기하였다. 그녀는 남은 생애 동안 정신병동에 감금되어야 했다. 이것이 두 번째 예외이다. 이런 사람은 자신의 사고력이나 의지력이 충분하지 않다. 그럼에도 불구하고 우리는 그녀의 내적 존재는 거룩한 땅이라고 간주하였다. 우리는 그녀나 삼촌에게 말하지 않고, 그녀와는 별개인 그녀의 속사람의 치유를 위해 기도했다. 수 주후에 그녀는 완전히 회복되었다는 재진단을 받고 퇴원하였다. 현재 내 사촌은 남편과 자녀도 있고 완전히 정상적인 생활을 꾸려가고 있다. 우리는 그녀에게 우리가 특히 무엇을 위해 어떻게 기도했는지 한번도 말하지 않았다. 성령님께서 부르셔서 명하지 않으셨다면 우리는 기도하지도 않았을 것이다 (이 글을 읽은 크리스천들이 기도로 정신병동을 비우려고 애쓰는 모습을 상상할 수 있다. 결국 전혀 소용이 없음을 알고 지쳐버리겠지만!).

우리는 모든 교회, 특히 소그룹에서 몸의 사역이 정기적으로 일어나야 한다고 믿는다. 그렇게 된 때에 특별히 상담의 은사를 가진 사람의 전문성이 필요하다고 소그룹에서 느끼는 경우가 생길 것이다. 그러한 사람은 그리스도의 몸 안의 목사와 장로들이 인정하는 상담자에게 보내질 수 있다. 스포케인의 교회가 그렇게 했다. 상담자는 그룹에서 보내진 사람을 사역한 후 소그룹으로 그들을 보내어 계속 후원받고 사역받게 했다. 때론 사역이 계속되는 것을 돕기 위해, 비밀을 누설하지 않는 한도에서 얘기할 수 있는 내용은 소그룹 리더에게 말해야 한다.

우리의 경험으로 볼 때에, 목사가 상담할 수는 있지만 상담의 모든 짐을 지면서 목양의 모든 일을 계속하지는 못한다. 우리가 본서를 쓰지 않을 수 없었던 가장 큰 이유 중 하나는 이드로가 모세에게 한 조언을 목사와 교회에 하기 위해서이다.

> 모세의 장인이 그에게 이르되 "그대의 하는 것[아침부터 밤까지 상담하는 것]이 선하지 못하도다. 그대와 그대와 함께한 이 백성이 필연 기력이 쇠하리니 이 일이 그대에게 너무 중함이라 그대가 혼자 할 수 없으리라. 이제 내 말을 들으라 내가 그대에게 방침을 가르치리니 하나님이 그대와 함께 계실지로다. 그대는 백성을 위하여 하나님 앞에 있어서 소송을 하나님께 베풀며 그들에게 율례와 법도를 가르쳐서 마땅히 갈 길과 할 일을 그들에게 보이고 그대는 또 온 백성 가운데서 재덕이 겸전한 자 곧 하나님을 두려워하며 진실무망하며 불의한 이를 미워하는 자를 빼서 백성 위에 세워

> 천부장과 백부장과 오십부장과 십부장을 삼아 그들로 때를 따라 백성을 재판하게 하라. 무릇 큰 일이면 그대에게 베풀 것이고 무릇 작은 일이면 그들이 스스로 재판할 것이니 그리하면 그들이 그대와 함께 담당할 것인즉 일이 그대에게 쉬우리라. 그대가 만일 이 일을 하고 하나님께서도 그대에게 인가하시면 그대가 이 일을 감당하고 이 모든 백성도 자기 곳으로 평안히 가리라 출 18:17-23

모세가 교회-국가의 지도자였음을 기억할 필요가 있다. 이스라엘은 교회와 국가가 분리되지 않았다. 모세는 실제로 법정에서 판결을 내리는 위치에 앉아 공공사회에서 일어나는 다툼을 해결하였다. 이드로가 모세에게 한 조언으로부터 우리의 전체 사법구조가 생겨났다.

그럼에도 불구하고 똑같은 권면이 모든 목사들에게 적합하다. 아무리 성도수가 100명인 작은 교회라 할지라도, 목사가 자기 교회의 모든 성도들의 마음에 관한 모든 문제를 해결할 수 없다. 어느 목사도 그러한 시간과 정력을 가질 수 없다. 그래서 오늘날 목양을 담당하는 장로들이 일어나고 있다. 불행히도 수 년 전 목양과 훈련의 몇몇 흐름에서 있었던 신학적 오류와 지배와 통제에 관련된 심리학의 남용으로 인해, 지도력을 공유하는 것을 배워야 하는 다수의 사람들이 호되게 당한 바 있다.

일리노이주 제네바 시의 믿음 루터파 교회는 12명의 장로를 세워 소그룹을 맡게했다. 몇 년 지나면서 상담과 목양할 수 있는 은사와 시간 등을 가진 사람이 그들 중 반수에 불과함이 드러났다. 이에 굴하지 않고 그들은 수습하고 다시 시도했다. 시간과 경험으로 밝혀진 바 진정한 은사가 있는 자 6인에게 목양을 맡기고 목양의 은사가 부족한 사람은 할 수 있는 다른 일을 찾아주었다. 델 로신 목사와 데이비드 도팟 목사의 현명한 지도력 하에 이 교회는 몇몇 이전의 그룹들이 빠졌던 함정을 피했다. 목양을 맡은 장로 중 수석장로인 짐 클래퍼는 장로들을 위한 매뉴얼을 개발하였고, 목사들과 짐은 다른 목사들, 교회들과 나누기 위해 파견단을 구성했다. 폴라와 나는 장로들과 몸을 가르치기 위해 여러번 그곳에서 강의했다. 그리스도의 몸은 사역하는 것을 배울 수 있다. 몸은, 통제의 영을 갖지 않고 성도의 사생활을 침범하지 않으며 주 안에서 자기 스스로 의사결정할 개인의 권리를 빼앗지 않으면서, 장로들에 의해 목양되는 것을 시작할 수 있다.

어떤 크리스천 상담자는 어렸을 때 배운 죄고백에 관한 비성경적이고 불균형적인 가르침을 극복해야 한다. 폴라와 내가 자랄 때만 해도 신교 교회 중에서 우리 교파는 로마 카톨릭 교회가 죄고백을 오용한 데에 과민반응을 하였다. 우리는 많은 잘못된 가르침을 받았는데, 예를 들면 이렇다. "사람은 다른 사람에게 죄를 고백해서는 절대 안 돼. 죄고백은 오직 하나님께만 해야 해." "하나님께만 은밀하게 죄를 고백해. 하나님께서 은밀한 중에 들으시고 드러나게 갚아주실 거야." 성경 어디에도 죄고백을 비밀스레 하라는 명령이 없다! 은밀한 중에 하는 기도가 언급된 곳이 한군데 있는데, 마태복음 6:6이다. "너는 기도할 때에 네 골방에 들어가 문을 닫고 은밀한 중에 계신 네 아버지께 기도하라 은밀한 중에 보시는 네 아버지께서 갚으시리라." 이 본문은 개인경건과 구제와 관련있지 (4절) 죄고백에 대한 것은 아니다. 예수님은 금식과 관련지어 은밀하게 기도할 것을 거듭 권고하셨다(18절). 하지만 이 중 어느 것에도 죄고백을 개인적으로 하라는 명령은 없다. 오히려 명령은 "..너희 죄를 서로에게 고하며.."(약 5:16)이다.

　따라서 많은 장로들과 크리스천 상담자는 불필요하게도 하나님의 용서를 선포하는 일을 어색해하거나 마땅치 않다고 느꼈다. 오늘날 용서의 선포가 단지 우리가 해야 할 일에 불과한 것이 아니라 성령을 받는 것과 연관된 첫 번째 은사임을 재발견케 하시는 하나님을 찬양하라! " 이 말씀을 하시고 저희를 향하사 숨을 내쉬며 가라사대 '성령을 받으라. 너희가 뉘 죄든지 사하면 사하여질 것이요 뉘 죄든지 그대로 두면 그대로 있으리라' 하시니라 " (요 20:22-23). 예수님은 그들에게 성령을 불어넣으시자마자 죄용서의 권세를 주심으로써, 성령을 소유한 가장 첫 번째 결과는 죄를 사할 권세임을 말씀하셨다! 이 둘을 함께 주심으로써 예수님은 다른 이의 죄를 사해주는 권능이 모든 성령충만한 하나님의 자녀가 갖는 생득권(生得權)이며 지위임을 말씀하신다! 또한 예수님은 죄사함이 모든 정상적인 크리스천이 첫 번째로 할 가장 필요한 일인양 그 중요성을 강력하게 언급하신다. 그리고 죄사함의 권세가, 성령의 임재의 다른 현현 이전에 주어졌음에 주목하여 보라! 죄사함의 권세가 성령의 권능이 임하신 10일 후에나 주어진 게 아니다. 예수님께서는 제자들이 죄사함을 선포할 능력이 결코 권능(두나미스)에 따른게 아니라 권세(엑수시아)에만 의존한 것임을 알기를 원하셨다. 제자들은 성령 안에서 어떤 권능을 받기 전에도 죄를 사할 수 있었다! 어쩌면 이 은사는 오순절 전에 즉시 주어져야 했을 것이다. 왜냐하면 당시 120문도는 열흘간 오순절 성령강림으로 충만함을 입을 것을 준비하기 위해, 그들의 죄를 서로에게 고백하고 서로에게 죄가 사해졌음을 선포해야 할 필요가 있었기 때문이다!

　이것은 오늘날에도 동일하다. 이는 마치 교회가 숨결은 받았지만 충만 가운데 살지 않는 것과 같다. 첫 번째 표적이 충만함이라고 생각하면서, 아직 오순절에 이르지 못했다. 아직도 날 때부터 앉은뱅이 된 자에게 다가가 이렇게 말할 수 있는 자는 없다. "은과 금은 내게 없거니와 내게 있는 것으로 네게 주노니 곧 나사렛 예수 그리스도의 이름으로 걸으라!" (행 3:6). 베드로가 대명사 나(I)를 사용한 것에 주목하라. 내게 있는 것으로 내가 주노니(I possess, I give). 기적은 오늘날에도 일어난다. 우리는 성령의 첫 번째 숨결을 받았다. 하지만 우리 중 누가 말하고 기대하면 바로 그때 기적이 일어남을 알고 담대하게 명령하겠는가? 우리 중 누가 겸손하게 "내게 있는 것으로 내가 네게 주노니"라고 말하겠는가? 캐더린 쿨만 외 몇몇 사람들은 하나님께서 기적을 행하시는 때와 장소에서 그렇게 불러낼 수 있었다. 하지만 그것은 (병명을) 종류별로 말한 것이지 베드로처럼 전혀 의심없이 기적이 일어나리라는 것을 알고한 개인적인 명령이 아니었다. 우리 중 누구도 그들처럼 "우리를 보라!"(4절)라고 담대하게 말할 자가 없다. 여러분도 알다시피 우리에겐 오순절의 충만함이 없다. 우리에게 충만함이 오지 않은 일차적인 이유는 아마도 우리가 서로에게 죄를 고백하는 10일간을 보내지 않았기 때문이 아닐까 한다! "머물러 있으라"는 말을 듣고 어떤 이는 개인적으로 금식하고 오랜 시간 기도한다. 하지만 '교회'는 아직도 생겨나지 않았다. 우리는 아직도 함께 하지 않는다. 우리는 너무도 잘못된 가르침을 받아왔고, 상처받을 것을 너무도 두려워하여 자신을 개방하고 정직하고 실제적이 되기를 지나치게 꺼려한다. 오순절의 역사는 "저희가 다 같이 한 곳에 모였을"(행2:1) 때에 일어났다. 우리가 지리적으로 같은 방에 앉았다 해도 아직 함께 하는 것이 아니다. 오순절의 역사가 진정으로 일어나게 하기 위해 죄고백을 듣고 그리스도의 몸이 한자리에 함께 있도록 하는 것이 크리스천 상담자의 책무이다.

죄고백을 듣는 이는 누구라도 그 사람의 죄가 사해졌음을 선포해야 한다. "하나님의 말씀에 따라 주 예수 그리스도의 이름으로 당신의 ...한 죄가 용서받았음을 내가 선포하노라. 동이 서에서 먼 것처럼..." 단지 "당신의 죄는 예수님의 이름으로 사해졌습니다" 혹은 "성경은 당신이 용서받았다고 말합니다"라고만 말하는 것은 그리 효과적이지 않다. 한 인간이 죄를 지을 때 그 죄는 인류를 더럽힌다. 아간이 범죄했을 때에 온 이스라엘이 힘을 잃었다(수 7장). 다윗이 범죄했을 때에 그의 아들이 죽었다(삼하 12:13-14). "만일 한 지체가 고통을 받으면 모든 지체도 함께 고통을 받고"(고전 12:26)라는 말씀은 "한 사람이 죄지으면, 모두가 고통을 받는다"로도 받아들여질 수 있다. 죄고백을 들을 때마다 우리는 인류를 대표하는 위치에 서게 된다. 인류가 상처받았기에 인류가 용서할 필요가 있다. "내가 당신을 용서합니다"라는 말은 인간으로부터의 용서를 완결짓는 데에 있어 필수적이다. '예수님의 이름으로'는 하나님과 천국으로부터의 용서를 실현시킨다. 우리는 속사람이 완전히 안심하고 확신하게 될 때까지, 여러 방법으로 반복적으로 용서를 선포할 필요가 있다.

크리스천 변화의 기초석이 그리스도의 십자가이기 때문에, 죄고백을 서로에게 하는 것이 필수적인 일이다! 십자가를 떼어 놓고는 크리스천의 어떠한 치유나 변화도 있을 수 없다. 모든 크리스천 상담자는 이 사실을 영원하고 변경하지 못할 것으로 알아야 한다. 이 말은 우리의 주된 방법이 언제나 기도요 그 통로는 언제나 회개와 용서라는 뜻이다. 예를 들어 폭력적인 아버지에 대한 이야기를 들었을 때에 우리가 단지 위로만 한다면 변화시키는 데에는 실패하게 된다. 그러한 차원의 '치유'만으로는 희생자가 '연민의 파티를 배설' 하도록 내버려 둘 뿐이다. 아무것도 해결되지 않는다. 그는 누군가 그의 말을 듣고 그의 자기변명의 자세를 지지해 주었기 때문에, 순간적인 안도감만을 느낀다. 실제로는 상담자가 하나님께서 일으키시는 불에 물을 끼얹음으로 인해, 분노와 원통함을 고백하는 것을 지연시키는 셈이다. 내담자는 잘못된 의로움을 느끼고 공격적이든지 움츠러든 것이든 간에 자신의 보복의 생활패턴을 대부분 확신있게 계속해 나간다.

외부로부터 우리를 더럽힐 수 있는 것은 없다. 오직 우리 마음에서 나오는 것만이 우리를 더럽힌다(막 7:15-21). 따라서 우리는 언제나 우리의 죄악의 반응을 우리에게 행해진 것보다 더 많이 다룬다. 원망과 판단의 반응은 아무리 마음에 숨겨지고 잊혀졌더라도 반드시 십자가로 가져가야한다, 그렇지 않으면 죄책감이 그 부산물과 함께 남아있게 된다. 반응의 습관적인 패턴은 회개와 죽음과 재탄생으로 변화받아야 한다. 그렇지 않으면, 인격이나 행동에 영원하거나 의미있는 변화는 전혀 일어나지 않는다.

모든 크리스천 상담자는, 성화가 성령의 일이며 오직 그 분만의 일이란 사실을 알아야 한다. 성령님은 당신의 신비로운 방법으로 아버지의 시간표에 따라 우리를 움직여 나가신다. 성령님의 계획이 아버지의 계획이다. 성령님께서 일하시는 것은 우리를 향한 아버지의 완전하신 뜻에 전적으로 합치된다. 심리학적 상담자는 결과를 낳을 것을 기대하며 기술을 사용할 수 있다. 크리스천 상담자는 기술에 의존해서는 안된다. 크리스천 상담자는 성령께서 이끄시는 대로만 말하고 행해야 하며, 그렇지 않으면 우리가 그 분의 일을 방해하게 된다.

　상담시 행해지는 최면술은 사교의 우를 범할 뿐 아니라 성령님이시라면 아직 드러내지 않으시거나 결코 드러내지 않으실 것을 발견하도록 악령의 힘이나 육신의 능력을 풀어놓는다(여담이지만, 많은 상담방법에서 성령님의 점검을 받으면서도 이렇게 한다. 이것이 하나님께서 불완전한 일꾼에게 자신의 일을 맡기시는 위험을 무릅쓰는 능력이다!). 크리스천 상담자라면 최면술에 연루되어서는 안 된다. "당신들 가운데서 자기 아들이나 딸을 불살라 제물로 바치는 사람과 점쟁이와 복술가와 요술객과 무당과 주문을 외우는 사람과 귀신을 불러 물어 보는 사람이 있어서는 안 됩니다"(신 18:10-11, 표새). 감추어진 것을 알아야 한다면, 금지된 육신의 수단이 아닌 성령 안의 통찰의 은사를 사용하도록 하라.

　어떤 심리학적 훈련을 받았든, 어떤 지식이 있든 간에, 이전에 언급했듯이 크리스천 상담자는 여전히 태어남의 영역에서 성령님과 다른 이를 돕는 산파역할을 한다. 강제로 혹은 너무 조급하게 끌어내서도 안되고, 생각의 깊은 태에서 쿵 떨어지는 아이디어를 잡는데 실패해서도 안된다. 따라서 크리스천 상담자는 어떤 일이 일어나도록 시작하는 이도, 조종하는 이도 아니다. 그는 다른 사람 안에서 행하시는 하나님의 비전을 붙잡아 이것을 기뻐해주고 후원한다. 따라서 그는 수동적이지 않다. 성령님께서 사람을 어디서 어떻게 움직이시는지, 그리고 내담자 안에 무슨 일이 일어나는지를 알기 위해, 상담자의 모든 에너지를 하나님과 사람과 동일시하고, 성령님과 내담자 모두에게 감정이입하는 데 기울인다. 결론적으로 상담자는 분석을 위해 심리학적 모델을 사용하지 않는다. 그는 조용히 통찰의 은사를 활발히 사용하면서, 옆에서 코치하는 역할을 한다(사 11:2).

성령께서 인도하시기 때문에 내담자는 반응하는 자이다. 로저스의 (Rogerian) 상담법에서는, 상담자는 각 개인적인 내면의 정신이 만들어 내는 것을 간섭하거나 혼란케하면 안된다고 가르친다. 이런 태도는 성령보다는 육체에 주도권을 준다. 크리스천 상담자를 위한 진리의 핵심은 성령께서 드러내신 것으로부터 주의를 딴데로 돌려서는 안된다는 점이다. 불행히도 로저스의 방식을 좇는 많은 사람들이 성령님과 죄성에 의한 인간의 속임수에 대해 불충분한 인식을 가지고 있다. 그들은 내담자를 성령의 진리의 궤도에 있게 하기 위해 사랑 안에서 진리를 말하기 보다는, 육신의 속임수를 좇아다니며 침묵과 동의로 내담자를 인정해주었다. 때로 크리스천 상담자는 내담자를 대면하여 엄히 꾸짖을 때도 있다 (딛 1:13). 그렇게 하지 않으면 상담자와 내담자 모두가 에스겔 33:1-9의 경고를 받게 된다(선지자는 경고해야 한다. 그렇지 않으면 그 피가 그에게 임하여 둘 다 고통받는다). 크리스천 상담자의 책무는 내담자로 하여금 지속적으로 성령의 진리의 속삭임에 귀기울이도록 상기시키는 것이다. 요약하면 크리스천 상담자는, 내담자가 성령께서 자신의 삶 속에 어떻게 역사하시는지, 또 회개나 죄고백, 행동 등 무엇이건 간에 성령이 감동주시는 것에 어떻게 반응해야 하는지를 이해하도록 도와준다.

성령님은 모든 인생의 셀 수 없이 수많은 세부적인 일들 가운데에서, 알려주고 가르치고 준비시키고 기쁘게 하고 감격시키고 즐기고 죄를 깨닫게 하고 창조하고 경배하는 등, 하나님과 인간의 교제를 향상시키고 믿음 안에서 성화시키고 성숙케 하는 일이라면 무엇이든지 하신다. 상담자의 책무는 이 모든 일을 감독하여 하나님의 위치에 올라앉는 것이 아니라, 그 순간에 하나님이 상담자에게 인식하도록 하시는 성령의 움직임에 주의하는 것이다. 아마 상담자는 속임수의 많은 패턴이나 격려할 필요가 있는 재능을 보지 않을 수 없을 것이다. 상담자는 본 것에 따라 행동하라고 부름받지 않았다. 그는 성령님께서 감동주시는 역겨운 부분만을 열어보고, 성령님께서 하라 하실 때에만 인정해주는 말을 한다.

성령께서 무엇을 행하시며, 내담자에게 무엇을 계시하시는지를 보는 것만으로는 충분하지 않다. 성령께서 상담자가 어떤 역할을 감당하길 원하시는지 배우는데에는 지혜가 필요하다. 받은 통찰을 얘기해 버릴까? 질문을 할까? 비유나 수수께끼를 낼까? 이야기를 해주어야 하나? 아니면 나단이 다윗의 죄를 판단토록 할 때처럼 함정을 놓을까(삼하 12:1-14)?

문제점을 발견하는 어려움이나 내담자의 생각으로 이해하게 하는 것은 보통 문제가 되지 않는다. 발견의 과정을 도와 성령께서 마음 안에 깨달음을 기록하실 수 있도록 하는 것이 문제이다. 이러한 어려움으로 인해 사도바울은 "너의 마음 눈을 밝히사"(엡 1:18) 속사람을 능력으로 강건하게 하옵시고 믿음으로 말미암아 "이해할 수 있는 능력을 갖도록"(엡 3:14-21을 재진술) 기도하였다.

상담자는 옛 방식에서 참 길로 인도함으로 우리를 성화시키시는 분이 성령님이라는 지식에 따라 자제해야 한다. 전에도 언급했듯이 때로 성령님은, 무엇이 잘못되었는지 모르거나 알고자 하지 않아도 우리를 씻기시고 정결케 하신다. 상담자는 너무 과하게 행하거나 과정을 서두르려는 유혹을 받는다. 우리의 죽음을 대신하여 자신의 죽음을 우리 안에 천천히 채우고 부활의 삶으로 이끄시는 분은 바로 주님이다. 하지만 상담자는 상담을 하면서 감정이입을 하고 같은 과정을 여러번 경험했기 때문에, 내담자가 이해하리라고 너무 안이하게 추측하거나 빨리 (성공적인)

결말을 내려버린다. 상담자가 그렇게 한다면, 성급한 연락선 선장처럼 유감스럽게도 실어야 할 화물이 아직 부두에 많이 있는 걸 발견하게 될 것이다! 또는 내담자로 하여금 너무 많은 것을 시도하도록 격려하여 결국에는 심리학적 상담이 범하는 일반적인 실수인 펠라기아니즘(역자주: 인간 본성의 선함과 인간의 자유의지를 강조하고 원죄를 부인한 5세기의 이단)에 내담자를 빠뜨릴 수 있다. 펠라기아니즘은, "넌 할 수 있어" 또는 "내 혼자 힘으로도 일을 처리할 수 있어", "나는 내 자신의 성품을 보고 변화시킬 수 있어"라고 한다. 펠라기아니즘은 혼자 수고함의 함정이고 종국에는 실패하게 된다. 오직 예수님만이 태에서 나오게 하시고 또 절대 실패하지 않으신다(사 66:9-11). 오직 주만이 아버지 앞에 우리를 티나 주름잡힌 것 없는 모습으로 세우신다(엡 5:27). 이 사실로 인해 상담자와 내담자 모두 안식할 수 있다. 우리는 다른 사람(혹은 우리 자신)을 성장시킬 필요가 없다. 우리의 영, 혼, 육을 온전하게 성화시키는 분은 바로 하나님이시다(살전 5:23).

이 점이 심리학적 상담과 크리스천 상담의 주된 차이점이다. 때론 둘 다 같은 것을 볼 수 있다. 세속적 심리학자는 한 번 발견하고 이해하면 내담자 안에 뭔가가 일어나길 기다린다. 그는 내담자의 변화하려는 육신의 능력을 믿는다. 크리스천 상담자는, 그가 심리학적 훈련을 받았든지 아니면 처음 시작하는 평신도이든지 간에, 주님께서 십자가의 능력으로 구원하시고 변화시키시는 것을 지켜본다. 수없이 사람들이 우리에게 와서 이렇게 말한다. "6년간 정신과의사를 찾아갔어요. 전 제 약점이 무언지, 왜 그걸 갖게 되었는지를 알아요. 그런데도 여전히 갖고 있어요!" 다시 말하지만 심리학자나 정신과의사를 비난하려는 의도는 없다. 크리스천 상담자는 이 둘 중 하나일 수 있다. 다시 말해 크리스천으로서 상담하는 모든 상담자들의 기초는 심리학이 아니며, 내담자가 하는 말을 듣고 행하지 않는다. 우리의 능력은 십자가와 성령이다. 우리는 효력이 있는 대답을 갖고 있다. 그것을 사용하도록 하자.

상담자는 또한 성화와 변화의 차이를 기억해야 한다. 성화는 우리 안의 성령의 역사로, 내담자가 기꺼이 하려는 지속적인 반응을 필요로 한다. 반면 변화는 자발적인 것 이상을 요구한다. 성화는 대부분 우리에게 이루어진 것이다. 변화는 성령께서 우리 안에서 일을 이루실 때에 우리의 보다 적극적인 참여를 필요로 한다. 변화는 '생각을 새롭게 함'으로 일어난다(롬 12:2). 우리가 말했듯이, 생각을 새롭게 하는데에는 의식적인 정신만 관련된 것이 아니라, 표면적인 생각과 깊은 생각도 고려되어야 하므로(눅 2:19), 우리 안의 더 많은 부분이 관여하여 갈등하게 된다. 더 많은 부분이 싸우고 있다. "마리아는 이 모든 말을 마음에 지키어 생각하니라"(눅 2:19). "내가 내 몸을 쳐..."(고전 9:27). "내가 ... [내 자신, 주님 안에서의 모든 훈련 등] 모든 것을 배설물로 여김은..."(빌 3:8). "육신의 생각은 하나님과 원수가 되나니" [따라서 이것을 죽음에 처하기 위한 개인적인 고투가 필요하다] (롬 8:6-8). 그러한 변화는 매일 매순간 우리의 의지를 필요로 한다. 갈 2:20에서 "십자가에 못박혔나니"(We have been crucified)란 우리에게 어떤 일이 행해졌다는 말이다. 반면 갈 5:24에서 "십자가에 못 박았느니라"(We have crucified)란 우리가 우리 자신에게 무언가를 행함을 뜻한다. 여기에 우리가 십자가에 못박히고 우리 자신을 십자가에 못박는 균형이 있다. 우리는 주님께서 우리에게 그것을 행하시도록 돕는다. 상담자는 지도해야하지만 내담자가 자신을 십자가에 못박는 일을 못할 만큼 너무 많이 지도해서도 안된다.

변화는 우리 모든 삶을 귀히 여기고 이로 인한 충만한 마음으로 하나님을 찬양하게 될 때야 완성된다. 종국에는 우리가 우리 삶에서 일어난 모든 일을 인해 감사하게 된다. 왜냐하면 무슨 일이 일어났던지간에 그것이 우리에게 보내진, 아님 최소한 하나님께서 허용하신, 가장(假裝)된 축복이라고 보기 때문이다. 성부께서는 우리가 선택하거나 빠져드는 타락을 아시며, 우리에게 무엇이 주어져서 어떻게 반응할지를 아셔서, 이미 예정하신 의지 가운데 그리스도 예수 안에서 먼지와 재를 사랑과 기쁨으로, 추함을 아름다움으로, 연약함을 강건함으로 변화시키실 계획을 가지셨다.

주 하나님의 영이 내게 임하셨으니, 이는 주께서 내게 기름을 부으사 온유한 자에게 기쁜 소식들을 전파하게 하셨으며, 그가 나를 보내시어 마음이 상한 사람들을 싸매고 포로된 자에게 자유를, 갇힌 자에게 감옥이 열림을 선포하며 주의 기뻐 받으시는 해를 선포하고, 우리 하나님의 복수의 날을 선포하며, 모든 슬픈 자를 위로하고 시온에서 슬퍼하는 자들을 정하여 그들에게 재 대신 아름다움을, 슬픔 대신 기쁨의 기름을, 무거운 영 대신 찬양의 의복을 주어 그들로 주의 심으신 의의 나무들이라 불리게 하여 주께서 영광을 받으시려는 것이라.(사 61:1-3, 흠정)

순전한 나드 도서안내   02-574-6702

No.	도서명	저자	정가
1	존 비비어의 승리〈개정판〉	존 비비어	12,000
2	교회를 뒤흔드는 악령을 대적하라	프랜시스 프랜지팬	5,000
3	교회를 어지럽히는 험담의 악령을 추방하라	프랜시스 프랜지팬	5,000
4	그리스도인의 삶의 비결〈개정판〉	진 에드워드	9,000
5	존 비비어의 친밀감〈개정판〉	존 비비어	14,000
6	내게 신선한 기름을 부으셨나이다	허 철	9,000
7	내어드림〈개정판〉	프랑소와 페늘롱	7,000
8	존 비비어의 축복의 통로〈개정판〉	존 비비어	8,000
9	부서트리고 무너트리는 기름 부으심	바바라 J. 요더	8,000
10	사도적 사역	릭 조이너	12,000
11	사사기	잔느 귀용	7,000
12	상한 마음을 치유하는 기도	마크 버클러	15,000
13	상한 영의 치유1	존 & 폴라 샌드포드	17,000
14	상한 영의 치유2	존 & 폴라 샌드포드	13,000
15	성령님을 아는 놀라운 지식	허 철	10,000
16	속사람의 변화 1	존 & 폴라 샌드포드	11,000
17	속사람의 변화 2	존 & 폴라 샌드포드	13,000
18	신부의 중보기도	게리 윈스	11,000
19	아가서	잔느 귀용	11,000
20	악의 속박으로부터의 자유	릭 조이너	9,000
21	어머니의 소명	리사 하텔	12,000
22	여정의 시작	릭 조이너	13,000
23	영광스러운 교회에 보내는 메시지 1	릭 조이너	10,000
24	영분별〈개정판〉	프랜시스 프랜지팬	4,000
25	영적 전투의 세 영역〈개정판〉	프랜시스 프랜지팬	11,000
26	예레미야	잔느 귀용	6,000
27	예수 그리스도와의 친밀함	잔느 귀용	7,000
28	예수님을 닮은 삶의 능력〈개정판〉	프랜시스 프랜지팬	12,000
29	예수님을 향한 열정〈개정판〉	마이크 비클	12,000
30	잔느 귀용의 요한계시록〈개정판〉	잔느 귀용	13,000
31	인간의 7가지 갈망하는 마음	마이크 비클	11,000
32	저주에서 축복으로	데릭 프린스	6,000
33	주님, 내 마음을 열어주소서	캐티 오츠 & 로버트 폴 램	9,000
34	지구상에서 가장 강력한 기도	피터 호로빈	7,500
35	축사사역과 내적치유의 이해 가이드	존 & 마크 샌드포드	20,000
36	출애굽기	잔느 귀용	10,000
37	하나님과 동행하는 사람들〈개정판〉	산 볼츠	9,000
38	하나님과 사람에게 더욱 사랑스러운 자	듀안 벤더 클럭	10,000
39	하나님과의 연합	잔느 귀용	7,000
40	하나님을 연인으로 사랑하는 즐거움	마이크 비클	13,000
41	하나님 마음에 합한 사람	마이크 비클	13,000
42	하나님의 아름다움을 바라보는 축복	허 철	10,000
43	하나님의 요새〈개정판〉	프랜시스 프랜지팬	9,000
44	하나님의 장군의 일기〈개정판〉	잔 G. 레이크	6,000
45	항상 배가하는 믿음〈개정판〉	스미스 위글스워스	13,000
46	항상 부족함이 없으리로다	하이디 베이커	8,000
47	혼동으로부터의 자유	릭 조이너	5,000
48	혼의 묶임을 파쇄하라	빌 & 수 뱅크스	10,000
49	존 비비어의 회개〈개정판〉	존 비비어	11,000
50	금식이 주는 축복	마이크 비클 & 다나 캔들러	12,000
51	부활	벤 R. 피터스	8,000
52	거절의 상처를 치유하시는 하나님	데릭 프린스	6,000
53	존 비비어의 분별력〈개정판〉	존 비비어	13,000
54	통제 불능의 상황에서도 난 즐겁기만 하다	리사 비비어	12,000
55	어린이와 십대를 위한 축사사역	빌 뱅크스	11,000
56	빛은 어둠 속에 있다	패트리샤 킹	10,000
57	목적으로 나아가는 길	드보라 조이너 존슨	8,000

PURE NARD BOOKS

No.	도서명	저자	정가
58	컴 투 파파	게리 윈스	13,000
59	러쉬 아워	슈프레자 싯홀	9,000
60	지도자의 넘어짐과 회복	웨이드 굿데일	12,000
61	하나님의 일곱 영	키이스 밀러	13,000
62	너희 지체를 의의 병기로 하나님께 드리라	허 철	8,000
63	추수의 비전	릭 조이너	8,000
64	왕의 자녀의 초자연적인 삶	빌 존슨 & 크리스 밸러턴	13,000
65	믿음으로 산 증인들	허 철	12,000
66	욥기	잔느 귀용	13,000
67	나라를 변화시킨 비전: 윌리엄 테넌트의 영적인 유산	존 한센	8,000
68	세상을 다스리는 권세의 회복	레베카 그린우드	10,000
69	창세기 주석	잔느 귀용	12,000
70	하나님의 강	더치 쉬츠	13,000
71	당신의 운명을 장악하라	알렌 키란	13,000
72	자살	로렌 타운젠드	10,000
73	레위기 · 민수기 · 신명기〈개정판〉	잔느 귀용	14,000
74	그리스도인의 영적혁명	패트리샤 킹	11,000
75	초자연적 중보기도	레이첼 힉스	13,000
76	나는 하나님의 음성을 듣는다	킴 클레멘트	11,000
77	하나님의 초자연적인 능력	바비 코너	11,000
78	거룩과 진리와 하나님의 임재	프랜시스 프랜지팬	9,000
79	사랑하는 하나님	마이크 비클	15,000
80	일곱 교회 이기는 자에게 주시는 축복	허 철	9,000
81	일곱 산에 관한 예언〈개정판〉	조니 엔로우	15,000
82	일터에 영광이 회복되다	리차드 플레밍	12,000
83	초자연적 경험의 신비	짐 골 & 줄리아 로렌	13,000
84	웃겨야 살아난다	피터 와그너	8,000
85	폭풍의 전사	마헤쉬 & 보니 차브다	13,000
86	천국 보좌로부터 온 전략	샌디 프리드	11,000
87	영향력	윌리엄 L. 포드 3세	11,000
88	속죄	데릭 프린스	13,000
89	신의 성품에 참예하는 자	허 철	8,000
90	예언, 꿈, 그리고 전도	덕 애디슨	13,000
91	아가페, 사랑의 길	밥 멈포드	13,000
92	불타오르는 사랑	스티브 해리슨	12,000
93	그 이상을 갈망하라!	랜디 클락	13,000
94	능력, 성결, 그리고 전도	랜디 클락	13,000
95	종교의 영	토미 펠라이트	11,000
96	예기치 못한 사랑	스티브 J. 힐	10,000
97	모르드개의 통곡	로버트 스턴스	13,500
98	1세기 교회사	릭 조이너	12,000
99	예수님의 얼굴〈개정판〉	데이비드 E. 테일러	13,000
100	토기장이 하나님	마크 핸비	8,000
101	존중의 문화〈개정판〉	대니 실크	13,000
102	제발 좀 성장하라!	데이비드 레이븐힐	11,000
103	정치의 영	파이살 말릭	12,000
104	이기는 자의 기름 부으심	바바라 J. 요더	12,000
105	치유 사역 훈련 지침서	랜디 클락	12,000
106	헤븐	데이비드 E. 테일러	13,000
107	더 크라이	키스 허드슨	11,000
108	천국 여행	리타 베넷	14,000
109	파수 기도의 숨은 능력	마헤쉬 & 보니 차브다	13,000
110	지저스 컬처	배닝 립스처	12,000
111	넘치는 기름 부음	허 철	10,000
112	거룩한 대면	그래함 쿡	23,000
113	믿음을 넘어선 기적	데이브 헤스	10,000
114	영적 전쟁의 일곱 영	제임스 A. 더함	13,000

No.	도서명	저자	정가
115	기적의 방을 만들라	마헤쉬 & 보니 차브다	12,000
116	개인적 예언자	미키 로빈슨	13,000
117	어둠의 영을 축사하라	짐 골	13,000
118	보좌를 향하여	폴 빌하이머	10,000
119	적그리스도의 영을 정복하라	샌디 프리드	13,000
120	성령님 알기	마헤쉬 & 보니 차브다	12,000
121	십자가의 권능	마헤쉬 & 보니 차브다	13,000
122	성령이 이끄시는 성공	대니 존슨	13,000
123	축복의 능력	케리 커크우드	13,000
124	하나님의 호흡	래리 랜돌프	11,000
125	아름다운 상처	룩 홀터	11,000
126	하나님의 길	덕 애디슨	13,000
127	천국 체험	주디 프랭클린 & 베니 존슨	12,000
128	당신의 사명을 깨우라	M. K. 코미	11,000
129	기독교의 유혹	질 샤넌	25,000
130	우리가 몰랐던 천국의 자녀양육법	대니 실크	12,000
131	임재의 능력	매트 소거	12,000
132	예수의 책	마이클 코울리아노스	13,000
133	신앙의 기초 세우기	래리 크레이더	13,000
134	내 인생을 바꿔 줄 최고의 여행	제이 스튜어트	12,000
135	시간 & 영원	조슈아 밀즈	10,000
136	거룩한 흐름, 분위기	조슈아 밀즈	10,000
137	하이디 베이커의 사랑	하이디 & 롤랜드 베이커	13,000
138	하나님의 임재	빌 존슨	13,000
139	초자연적 기름부음	줄리아 로렌	12,000
140	하나님의 갈망	제임스 A. 더함	14,000
141	형통의 문을 여는 31가지 선포기도	케빈 & 캐티 바스코니	5,000
142	임박한 하나님의 때	R. 로렌 샌드포드	13,000
143	하나님을 향한 울부짖음	바바라 J. 요더	12,000
144	춤추는 하나님의 손	제임스 말로니	37,000
145	참소자를 잠잠케 하라	샌디 프리드	13,000
146	영광이란 무엇인가?	폴 맨워링	14,000
147	내일의 기름부음	R. T. 켄달	13,000
148	영적 전투를 위한 전신갑주	크리스 밸러턴	12,000
149	성령을 소멸치 않는 삶	R. T. 켄달	13,000
150	초자연적인 삶	아담 F. 톰슨	10,000
151	한계를 돌파하라	샌디 프리드	13,000
152	블러드문	마크 빌츠	11,000
153	구약에서 일어난 모든 일들	윌리엄 H. 마티	13,000
154	신약에서 일어난 모든 일들	윌리엄 H. 마티	11,000
155	드보라 군대	제인 해몬	14,000
156	거룩한 불	R. T. 켄달	13,000
157	당신의 자녀를 향한 하나님의 65가지 약속	마이크 슈리브	8,000
158	무슬림 소녀, 예수님을 만나다	사마 하비브 & 보디 타이니	13,000
159	스미스 위글스워스의 병 고침(개정판)	스미스 위글스워스	12,000
160	뇌의 스위치를 켜라	캐롤라인 리프	13,000
161	약속된 시간	제임스 A. 더함	13,000
162	실패를 딛고 일어서는 믿음	샌디 프리드	12,000
163	스미스 위글스워스의 성령의 은사(개정판)	스미스 위글스워스	13,000
164	끝날 때까지 끝난 것이 아니다	R. T. 켄달	15,000
165	완전한 기억	마이클 A. 댄포스	10,000
166	금촛대 중보자들 1	제임스 말로니	15,000
167	마지막 때와 이슬람	조엘 리차드슨	15,000
168	질투	R. T. 켄달	14,000
169	사탄의 전략	페리 스톤	14,000
170	죽음에서 생명으로	라인하르트 본케	12,000
171	금촛대 중보자들 2	제임스 말로니	13,000

PURE NARD BOOKS

No.	도서명	저자	정가
172	금촛대 중보자들 3	제임스 말로니	13,000
173	올바른 생각의 힘	케리 커크우드	12,000
174	부흥의 거장들	빌 존슨 & 제니퍼 미스코브	25,000
175	악의 삼겹줄을 파쇄하라〈개정판〉	샌디 프리드	12,000
176	지옥의 실체와 하나님의 열쇠	메리 캐서린 백스터	12,000
177	문지기들이여 일어나라	제임스 A. 더함	15,000
178	안식년의 비밀	조나단 칸	15,000
179	교회를 깨우는 한밤의 외침	R. T. 켄달	15,000
180	하나님의 시간표	마크 빌츠	12,000
181	사랑의 통역사	샨 볼츠	12,000
182	예루살렘의 평화를 위해 기도하라	탐 헤스	13,000
183	마이크 비클의 기도	마이크 비클	25,000
184	유대적 관점으로 본 룻기	다이앤 A. 맥닐	13,000
185	폭풍을 향해 노래하라	디모데 D. 존슨	13,000
186	세미한 하나님의 음성을 듣는 방법	스티브 샘슨	12,000
187	영광의 세대	브루스 D. 알렌	15,000
188	영적 분위기를 바꾸라	다우나 드 실바	12,000
189	하나님을 홀로 두지 말라	행크 쿠네만	14,000
190	하나님이 디자인하신 완전한 나	캐롤라인 리프	20,000
191	대적의 문을 취하라〈개정증보판〉	신디 제이콥스	15,000
192	R. T. 켄달의 임재	R. T. 켄달	13,000
193	영성가의 기도	찰리 샴프	10,000
194	과거로부터의 자유〈개정판〉	존 로렌 & 폴라 샌드포드	14,000
195	하나님의 불	제임스 A. 더함	15,000
196	일상에 임한 하나님의 영광	브루스 D. 알렌	14,000
197	마지막 시대 마지막 주자	타드 스미스	13,000
198	주의 선하신 치유 능력	크리스 고어	13,000
199	건강한 생활 핸드북	로라 해리스 스미스	15,000
200	더 높은 부르심	제임스 말로니	12,000
201	당신도 예언할 수 있다〈개정판〉	스티브 탐슨	14,000
202	생각하고 배우고 성공하라	캐롤라인 리프	15,000
203	기적을 풀어내는 예언적 파노라마	제임스 말로니	13,000
204	케빈 제다이의 초자연적 재정	케빈 제다이	14,000
205	적그리스도와 마지막 때 분별하기	마크 빌츠	13,000
206	마음을 견고히 하라	빌 존슨	9,000
207	천국으로부터 받아 누리기	케빈 제다이	13,000